中华人民共和国
土地管理法

注释本

法律出版社法规中心　编

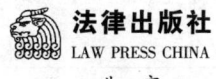

·北京·

图书在版编目（CIP）数据

中华人民共和国土地管理法注释本／法律出版社法规中心编. -- 5版. -- 北京：法律出版社，2025. （法律单行本注释本系列）. -- ISBN 978-7-5197-9642-6

Ⅰ.D922.305

中国国家版本馆CIP数据核字第2024XK5887号

中华人民共和国土地管理法注释本
ZHONGHUA RENMIN GONGHEGUO
TUDI GUANLIFA ZHUSHIBEN

法律出版社法规中心 编

责任编辑 冯高琼
装帧设计 李 瞻

出版发行 法律出版社		开本 850毫米×1168毫米 1/32	
编辑统筹 法规出版分社		印张 8.75 字数 190千	
责任校对 张红蕊		版本 2025年1月第5版	
责任印制 耿润瑜		印次 2025年1月第1次印刷	
经 销 新华书店		印刷 北京中科印刷有限公司	

地址：北京市丰台区莲花池西里7号（100073）
网址：www.lawpress.com.cn　　　销售电话：010-83938349
投稿邮箱：info@lawpress.com.cn　　客服电话：010-83938350
举报盗版邮箱：jbwq@lawpress.com.cn　咨询电话：010-63939796
版权所有·侵权必究

书号：ISBN 978-7-5197-9642-6　　　定价：28.00元
凡购买本社图书，如有印装错误，我社负责退换。电话：010-83938349

编辑出版说明

现代社会是法治社会,社会发展离不开法治护航,百姓福祉少不了法律保障。遇到问题依法解决,已经成为人们处理矛盾、解决纠纷的不二之选。然而,面对纷繁复杂的法律问题,如何精准、高效地找到法律依据,如何完整、准确地理解和运用法律,日益成为人们"学法、用法"的关键所在。

为了帮助读者快速准确地掌握"学法、用法"的本领,我社开创性地推出了"法律单行本注释本系列"丛书,至今已十余年。本丛书历经多次修订完善,现已出版近百个品种,涵盖了社会生活的重要领域,已经成为广大读者学习法律、应用法律之必选图书。

本丛书具有以下特点:

1. 出版机构权威。成立于1954年的法律出版社,是全国首家法律专业出版机构,始终秉承"为人民传播法律"的宗旨,完整记录了中国法治建设发展的全过程,享有"社会科学类全国一级出版社"等荣誉称号,入选"全国百佳图书出版单位"。

2. 编写人员专业。本丛书皆由相关法律领域内的专业人士编写,确保图书内容始终紧跟法治进程,反映最新立法动态,体现条文内涵。

3. 法律文本标准。作为专业的法律出版机构,多年来,我社始终使用全国人民代表大会常务委员会公报刊登的法律文本，积淀了丰富的标准法律文本资源，并根据立法进度及时更新相关内容。

4. 条文注解精准。本丛书以立法机关的解读为蓝本，给每个条文提炼出条文主旨，并对重点条文进行注释，使读者能精准掌握立法意图，轻松理解条文内容。

5. 配套附录实用。书末"附录"部分收录的均为重要的相关法律、法规和司法解释，有的分册还收录了典型案例，使读者在使用中更为便捷，使全书更为实用。

需要说明的是，本丛书中"适用提要""条文主旨""条文注释"等内容皆是编者为方便读者阅读、理解而编写，不同于国家正式通过、颁布的法律文本，不具有法律效力。本丛书不足之处，恳请读者批评指正。

我们用心打磨本丛书，以期待为法律相关专业的学生释法解疑，致力于为每个公民的合法权益撑起法律的保护伞。

法律出版社法规中心

2024年12月

目 录

《中华人民共和国土地管理法》适用提要 …………… 1

中华人民共和国土地管理法

第一章 总则 ………………………………………… 7
 第一条 立法宗旨和立法依据 ………………… 7
 第二条 所有制形式 …………………………… 9
 第三条 基本国策 ……………………………… 11
 第四条 土地用途 ……………………………… 12
 第五条 主管部门 ……………………………… 13
 第六条 土地督察制度 ………………………… 14
 第七条 守法义务、检举控告权 ……………… 16
 第八条 奖励措施 ……………………………… 17
第二章 土地的所有权和使用权 …………………… 18
 第九条 所有权归属 …………………………… 18
 第十条 国有土地使用权 ……………………… 19
 第十一条 集体所有土地经营、管理 ………… 21
 第十二条 土地所有权和使用权登记 ………… 22
 第十三条 土地承包经营 ……………………… 24
 第十四条 争议解决 …………………………… 26

第三章　土地利用总体规划 …………………… 27
第十五条　规划要求、期限 …………………… 27
第十六条　规划权限 …………………………… 29
第十七条　规划编制原则 ……………………… 30
第十八条　国土空间规划 ……………………… 31
第十九条　土地用途 …………………………… 33
第二十条　分级审批 …………………………… 34
第二十一条　建设用地规模 …………………… 36
第二十二条　综合治理 ………………………… 36
第二十三条　土地利用年度计划 ……………… 37
第二十四条　计划执行情况报告 ……………… 38
第二十五条　修改规划 ………………………… 39
第二十六条　土地调查 ………………………… 40
第二十七条　土地等级评定 …………………… 40
第二十八条　土地统计 ………………………… 41
第二十九条　动态监测 ………………………… 42

第四章　耕地保护 …………………………………… 43
第三十条　占用耕地补偿 ……………………… 43
第三十一条　建设占用耕地的耕作剥离利用 …… 45
第三十二条　省级人民政府耕地保护责任 …… 46
第三十三条　永久基本农田保护制度 ………… 48
第三十四条　永久基本农田划定 ……………… 50
第三十五条　永久基本农田保护措施 ………… 51
第三十六条　耕地质量保护 …………………… 53

第三十七条　非农业建设用地原则以及禁止
　　　　　　　　破坏耕地 ……………………………… 55
　　第三十八条　闲置、荒芜耕地 …………………… 56
　　第三十九条　土地开发 …………………………… 57
　　第四十条　　开垦条件 …………………………… 58
　　第四十一条　开垦土地使用权 …………………… 59
　　第四十二条　土地整理 …………………………… 59
　　第四十三条　土地复垦 …………………………… 60
第五章　建设用地 …………………………………… 61
　　第四十四条　农用地转用制度 …………………… 61
　　第四十五条　征地范围 …………………………… 63
　　第四十六条　征地审批权限 ……………………… 66
　　第四十七条　征地程序 …………………………… 67
　　第四十八条　征地补偿安置 ……………………… 70
　　第四十九条　征地补偿费使用 …………………… 73
　　第五十条　　兴办企业 …………………………… 75
　　第五十一条　大型工程征地 ……………………… 75
　　第五十二条　建设项目用地审查 ………………… 76
　　第五十三条　建设项目使用国有土地审批 ……… 76
　　第五十四条　建设用地使用权取得方式 ………… 77
　　第五十五条　国有土地有偿使用费缴纳和
　　　　　　　　分配 ……………………………… 78
　　第五十六条　建设用途 …………………………… 80
　　第五十七条　临时用地 …………………………… 81

第五十八条　收回国有土地使用权 …………… 83
　　第五十九条　乡村建设使用土地要求 ………… 85
　　第六十条　农村集体经济组织兴办企业用地
　　　　　　　要求 …………………………………… 86
　　第六十一条　乡村公共设施、公益事业建设
　　　　　　　　用地 ………………………………… 87
　　第六十二条　农村宅基地管理制度 …………… 88
　　第六十三条　农村集体经营性建设用地入市 …… 92
　　第六十四条　集体建设用地使用要求 ………… 94
　　第六十五条　禁止重建、扩建 ………………… 95
　　第六十六条　集体建设用地使用权收回 ……… 96
第六章　监督检查 ………………………………… 98
　　第六十七条　监督检查职责 …………………… 98
　　第六十八条　监督检查措施 …………………… 100
　　第六十九条　出示检查证件 …………………… 102
　　第七十条　单位和个人配合监督检查义务 …… 103
　　第七十一条　国家工作人员违法行为处理 …… 104
　　第七十二条　土地违法行为责任追究 ………… 105
　　第七十三条　自然资源主管部门不履行法定
　　　　　　　　职责处理 …………………………… 107
第七章　法律责任 ………………………………… 109
　　第七十四条　非法转让土地的法律责任 ……… 109
　　第七十五条　违法破坏耕地的法律责任 ……… 111
　　第七十六条　不履行土地复垦义务的法律

　　　　　　　　　　责任 …………………………………… 112
　　第七十七条　非法占用土地的法律责任 ……… 114
　　第七十八条　非法建住宅的法律责任 ………… 115
　　第七十九条　非法批地的法律责任 …………… 116
　　第八十条　　侵占、挪用征地补偿费的法律
　　　　　　　　责任…………………………………… 117
　　第八十一条　拒不交还土地、不按照批准用
　　　　　　　　途使用土地的法律责任 …………… 118
　　第八十二条　擅自转移土地使用权或集体经
　　　　　　　　营性建设用地的法律责任 ………… 119
　　第八十三条　责令限期拆除执行 ……………… 121
　　第八十四条　主管部门工作人员违法行为的
　　　　　　　　法律责任 …………………………… 122
第八章　附则 ……………………………………… 123
　　第八十五条　外商投资企业使用土地的法律
　　　　　　　　适用…………………………………… 123
　　第八十六条　土地利用总体规划和城乡规划
　　　　　　　　在过渡期间的适用问题 …………… 124
　　第八十七条　施行日期 ………………………… 124

附录一　相关法规

中华人民共和国土地管理法实施条例(2021.7.2
　修订) ……………………………………………… 125
中华人民共和国民法典(节录)(2020.5.28) ……… 142

中华人民共和国刑法(节录)(2023.12.29修正) …… 185
基本农田保护条例(2011.1.8修订) ………… 188
违反土地管理规定行为处分办法(2008.5.9)……… 195
自然资源行政处罚办法(2024.1.31修订) ………… 201
自然资源执法监督规定(2020.3.20修正) ………… 215
农村土地承包合同管理办法(2023.2.17) ………… 222
农村土地经营权流转管理办法(2021.1.26) ……… 231
最高人民法院关于审理涉及国有土地使用权合同
　纠纷案件适用法律问题的解释(2020.12.29修
　正) ………………………………………………… 239
最高人民法院关于审理破坏土地资源刑事案件具
　体应用法律若干问题的解释(2000.6.19) ……… 244

附录二　典型案例

人民法院依法保护农用地典型案例 …………… 248

《中华人民共和国土地管理法》适用提要

土地管理法,是指对国家运用法律和行政的手段对土地财产制度和土地资源的合理利用所进行的管理活动予以规范的各种法律规范的总称。我国制定《土地管理法》①的目的是加强土地管理,维护土地的社会主义公有制,保护、开发土地资源,合理利用土地,切实保护耕地,促进社会经济的可持续发展。

《土地管理法》自1987年1月1日施行以来,我国根据实际情况的变化和土地政策的需要分别于1988年、1998年、2004年、2019年对《土地管理法》作了修改。其中1998年《土地管理法》对我国的土地管理制度作了重大修改。

为了与1988年4月12日通过的《宪法修正案》的有关规定相衔接,适应经济体制改革的需要,加强对耕地的保护,1988年修改了《土地管理法》,修改的主要内容有:

---

① 为便于阅读,本书中的法律规范性文件均使用简称。

(1)国有土地和集体所有的土地的使用权可以依法转让。土地使用权转让的具体办法,由国务院另行规定。国家依法实行国有土地有偿使用制度。国有土地有偿使用的具体办法,由国务院另行规定。(2)强化对耕地的保护。

1998年的修改突出了切实保护耕地这一主题,对1988年《土地管理法》中合理的、切实可行的制度、措施予以保留,对一些已经不能适应现实情况的规定加以修改和完善。1998年修改的重点是:(1)关于土地用途管制制度。1988年《土地管理法》采取分级限额审批的用地制度,不能有效地控制有些地方人民政府用"化整为零"或者"下放土地审批权"等办法非法批地和用地,不能按照土地利用总体规划确定的用途进行管制,致农用地特别是耕地被大量划为建设用地。因此,需要对分级限额审批的用地制度进行重大改革。1998年《土地管理法》对土地用途管制制度的主要环节作了以下规定:第一,明确规定了土地利用总体规划的地位、作用及审批程序。土地利用总体规划是土地用途管制的依据。第二,明确规定了农用地转为建设用地的审批权限。土地利用总体规划将土地分为农用地、建设用地和未利用地。根据土地用途管制制度的要求,建设用地必须符合土地利用总体规划所确定的用途,并且严格控制农用地转为建设用地。第三,上收征地审批权。第四,乡村建设要尽量不占或者少占耕地、节约使用土地,并须按照经批准的乡镇土地利用总体规划、村庄和集镇规划的要求合理布局,适当集中,依法办理用地手续的要求。(2)关于耕地的特殊保护。1998年《土地管理法》突出了保证耕地总量动态平衡,加重了各级人民政府保护耕地的责任。(3)关于征用土地补偿标准。1988年《土地管理法》对征地补偿标准规定得过低,难以执行。为了有利于严格控制征地,维护农民利益,1998年《土地管理法》适当地提高了最低补偿标准。同时,考虑今后经济的发展和生活水平的提高,征地补偿可能需要适时有所调整,规定国务院根据社会、经济发展水平,可以调整征用耕地的土地补偿费和安置补助费的标准。此外,还强调了被征地的农村集体经济组织和农民的权利。被征地的农村集体经济组织应当将征收土地的补偿费用的收支状况向本集体经济组织的成员公布,接受监督。禁止侵占、挪用被征收土地单位的征地补偿费用和其他有关费用。(4)关于法律责任和执法监督。实践中,土地管理部门在查处违法占地行为时,缺乏有效的手段和措施,致违法占地既成事实后难以纠正。1998年《土地管理法》对法律责任作了修改,加大了对土地违法行为的处罚力度,并且赋予县级以上各级人民政府土地管理部门查处土地违法行为的必要手段和执法保障。

2004年3月14日,第十届全国人民代表大会第二次会议通过的《宪法修正案》第20条规定:"国家为了公共利益的需要,可以依照法律规定对土地实行征收或者征用并给予补偿。"2004年8月立法机关根据《宪法修正案》的规定对《土地管理法》中有关土地"征用"的内容作了相应修改。这次修改，不涉及《土地管理法》其他内容的修改。

2019年8月26日，第十三届全国人民代表大会常务委员会第十二次会议通过《关于修改〈中华人民共和国土地管理法〉、〈中华人民共和国城市房地产管理法〉的决定》，本次《土地管理法》的修改主要涉及以下内容：(1)建立了对土地利用和土地管理情况进行督察制度。(2)合并原有土地登记的规定，仅对土地登记制度作了原则规定。(3)规定了国家建立国土空间规划体系。(4)进一步规范了土地利用规划制度。(5)建立了更加严格的耕地保护制度，尤其是永久基本农田保护制度。(6)明确了土地征收中"公共利益"的范围，以及对农村村民住宅补偿的标准。(7)对农村宅基地使用权作出更加明确的规定。(8)建立了集体经营性建设用地法律制度。(9)根据机构改革的实际情况，明确了土地管理中的行政执法部门。

我国现行《土地管理法》共8章、87条。主要内容包括：总则、土地的所有权和使用权、土地利用总体规划、耕地保护、建设用地、监督检查、法律责任及附则。《土地管理法》施行以来，对维护土地的社会主义公有制，加强土地用途管制，保护、开发土地资源，合理利用土地，保护耕地等发挥了积极的作用。

学习《土地管理法》，除了要掌握《土地管理法》的条文外，还要注意了解《城乡规划法》《城市房地产管理法》

《土地管理法实施条例》《基本农田保护条例》等法律法规的规定。另外,《民法典》物权编从财产权利的角度对我国土地制度作出了宏观、全面的规定,亦应当重点学习。

中华人民共和国土地管理法

（1986年6月25日第六届全国人民代表大会常务委员会第十六次会议通过　根据1988年12月29日第七届全国人民代表大会常务委员会第五次会议《关于修改〈中华人民共和国土地管理法〉的决定》第一次修正　1998年8月29日第九届全国人民代表大会常务委员会第四次会议修订　根据2004年8月28日第十届全国人民代表大会常务委员会第十一次会议《关于修改〈中华人民共和国土地管理法〉的决定》第二次修正　根据2019年8月26日第十三届全国人民代表大会常务委员会第十二次会议《关于修改〈中华人民共和国土地管理法〉、〈中华人民共和国城市房地产管理法〉的决定》第三次修正）

第一章　总　　则

第一条　【立法宗旨和立法依据】[①]为了加强土地管理，维护土地的社会主义公有制，保护、开发土地资

---

① 条文主旨为编者所加，下同。——编者注

源,合理利用土地,切实保护耕地,促进社会经济的可持续发展,根据宪法,制定本法。

条文注释

本法的立法宗旨有以下四个方面:(1)加强土地管理。随着经济体制从计划经济转变为市场经济,我国的土地资源管理遇到了很多新的问题,如建设用地供应总量失控、耕地面积锐减,国有土地流失,土地利用效率低下等。为了保护耕地,加强国有土地保护,提高土地资源使用效率,本条将"加强土地管理"置于首位。(2)维护土地的社会主义公有制。土地公有制是我国社会主义公有制度的基础和核心。在实行市场经济的条件下,土地公有制和土地市场化并容,以土地所有权和使用权分离实现土地的商品属性。依法维护土地的社会主义公有制是我国公有制社会制度的基本保证。(3)保护、开发土地资源,合理利用土地,切实保护耕地。土地是宝贵的资源和资产,十分珍惜和合理利用每一寸土地,切实保护耕地是我国的基本国策。只有提高土地资源开发质量,避免土地浪费,切实提高耕地的开发和利用水平,才能缓解我国当前面临的人多地少的矛盾。(4)促进社会经济的可持续发展。土地是不可再生资源。土地管理工作坚持可持续利用原则,在开发中保护和合理利用土地资源,有助于促进我国社会经济的可持续发展。

关联法规

《宪法》第10条

第二条 【所有制形式】中华人民共和国实行土地的社会主义公有制,即全民所有制和劳动群众集体所有制。

全民所有,即国家所有土地的所有权由国务院代表国家行使。

任何单位和个人不得侵占、买卖或者以其他形式非法转让土地。土地使用权可以依法转让。

国家为了公共利益的需要,可以依法对土地实行征收或者征用并给予补偿。

国家依法实行国有土地有偿使用制度。但是,国家在法律规定的范围内划拨国有土地使用权的除外。

条文注释

本条规定了以下五项土地制度:

(1)土地的社会主义公有制。《宪法》第6条第1款中规定:"中华人民共和国的社会主义经济制度的基础是生产资料的社会主义公有制,即全民所有制和劳动群众集体所有制。"土地所有制,是指土地这一重要的生产资料归谁占有、归谁支配的基本经济制度。根据《宪法》的规定,我国的土地所有制表现形式有两种,即全民所有和集体所有。我国城市市区的土地属于国家所有。农村和城市郊区的土地,除由法律规定属于国家所有的以外,属于农民集体所有。

(2)国家所有土地的所有权由国务院代表国家行使。国家是一个抽象的概念,这样一个抽象的概念无法具体行使其法定的权利,因此,国家的权力或权利的行使必须由具体的机构和人员来完成。根据本条第 2 款的规定,国家所有土地的所有权由国务院代表国家行使。也就是说,国家土地所有权只能由国务院代表国家行使,其他国家机关和地方各级人民政府不能代表国家行使上述权利,只有在取得国务院授权的条件下才能管理和处置国有土地。

(3)权利人的土地权利受法律保护。本条第 3 款中规定,任何单位和个人不得侵占、买卖或者以其他形式非法转让土地。侵占,既包括对他人享有土地所有权和使用权的土地非法占据,也包括未经批准对公共用地的非法占据。这里的买卖,是指一方将土地所有权有偿转移给他人的行为。因为我国实行的是土地公有制度,土地所有权的主体只能是国家和有关农民集体,除国家为了公共利益的需要可以依法征用农民集体所有的土地外,公有土地的所有权不能改变。不过"土地使用权可以依法转让"。土地使用权的转让,分为国有土地使用权的转让和集体所有土地使用权的转让。国有土地使用权的转让,包括出让和转让。国有土地使用权的出让,是指国家以土地所有者的身份将土地使用权在一定年限内让与土地使用者,并由土地使用者向国家支付土地使用权出让金的行为;国有土地使用权的转让,是指通过出让方式取得国有土地使用权的单位和个人,再将取得的土地使用权让与他人的行为,形式上一般表现为转让、出租、抵押等。关于集体所有土地使用权的转让,从原则上讲,农民集体所有的土地使用权不得出让、转让或者出租用于非农业建设。因此,集体所有土地使用权的转让,在目前一般是指不改变农用地性质的承包或转包。

（4）依法有偿征收或征用土地制度。我国《宪法》第10条第3款规定："国家为了公共利益的需要，可以依照法律规定对土地实行征收或者征用并给予补偿。"这是本条的立法依据。在我国，农村的土地为集体所有。国家为了保证社会公共事业或者公益事业的发展，需要取得或使用集体所有的土地时，基于国家主权，有权对集体所有的土地行使国有化。应当注意的是，国家只有在为了"公共利益"的前提下，才能行使征收或征用土地的权力。本法第45条对"公共利益"的认定作了进一步明确。

（5）国有土地有偿使用制度。国家依法实行国有土地有偿使用制度，对于合理利用土地，减少不必要浪费，依照各级土地利用总体规划的土地用途对土地进行管理大有裨益，同时，能够保证国家作为所有者的收益权的实现。

关联法规

《宪法》第13条

《民法典》第243条、第245条、第246条、第249条、第258条、第260～265条

《国有土地上房屋征收与补偿条例》

《城市房地产管理法》第8～10条

第三条　【基本国策】十分珍惜、合理利用土地和切实保护耕地是我国的基本国策。各级人民政府应当采取措施，全面规划，严格管理，保护、开发土地资源，制止非法占用土地的行为。

条文注释

基本国策，是一个国家为解决带有普遍性、全局性、长

远性问题而确定的总政策,在整个政策体系中处于最高层次,它规定、制约和引导一般的具体法律政策的制定和实施,为相关领域的政策协调提供依据。本条将"十分珍惜、合理利用土地和切实保护耕地"确立为我国的一项基本国策,可见我国对土地问题的重视。为了落实这一基本国策,各级人民政府应当采取措施,全面规划,严格管理,保护、开发土地资源,制止非法占用土地的行为。

关联法规

《城乡规划法》第 4 条

《土地管理法实施条例》第 3 章

《国务院关于深化改革严格土地管理的决定》

第四条 【土地用途】国家实行土地用途管制制度。

国家编制土地利用总体规划,规定土地用途,将土地分为农用地、建设用地和未利用地。严格限制农用地转为建设用地,控制建设用地总量,对耕地实行特殊保护。

前款所称农用地是指直接用于农业生产的土地,包括耕地、林地、草地、农田水利用地、养殖水面等;建设用地是指建造建筑物、构筑物的土地,包括城乡住宅和公共设施用地、工矿用地、交通水利设施用地、旅游用地、军事设施用地等;未利用地是指农用地和建设用地以外的土地。

使用土地的单位和个人必须严格按照土地利用总体规划确定的用途使用土地。

条文注释

　　土地用途管制,是指国家为了保证土地资源的合理利用,通过编制土地利用总体规划划分土地用途,分区确定土地使用的限制条件,土地所有者、使用者应严格按照规定的土地用途利用土地的制度。土地用途管制制度的内容主要包括以下几个方面:(1)按用途对土地进行科学、合理的分类;(2)通过土地登记明确土地使用权性质;(3)编制土地利用总体规划,划分土地利用区和确定各区内土地使用的限制条件,对用途改变进行行政审批,并对违反土地用途管制的行为进行处罚。

　　根据本条规定,国家在编制土地利用总体规划时,应当在土地利用总体规划中规定土地的用途,将土地分为农用地、建设用地和未利用地,以保证土地按照规定的用途使用。对于农用地转为建设用地的,必须严格限制,并对建设用地的总量进行控制,对耕地实行特殊保护。

关联法规

　　《民法典》第244条
　　《土地管理法实施条例》第2条
　　《基本农田保护条例》
　　《国务院办公厅关于坚决制止耕地"非农化"行为的通知》

第五条 【主管部门】国务院自然资源主管部门统一负责全国土地的管理和监督工作。

　　县级以上地方人民政府自然资源主管部门的设置及其职责,由省、自治区、直辖市人民政府根据国务院有关规定确定。

条文注释

根据本条第 1 款的规定，国务院自然资源主管部门统一负责全国土地的管理和监督工作。2018 年 8 月 1 日中共中央办公厅、国务院办公厅印发的《自然资源部职能配置、内设机构和人员编制规定》中规定，自然资源部在土地管理方面主要有以下职责：一是履行全民所有土地所有者职责和用途管制职责，拟订相关法律法规草案，制定相关部门规章；二是负责土地资源调查监测评价；三是负责土地资源统一确权登记工作；四是负责土地资源有偿使用工作；五是负责土地资源的合理开发利用；六是负责建立空间规划体系并监督实施；七是负责组织实施最严格的耕地保护制度；八是开展土地督察，查处有关重大违法案件，等等。

本条第 2 款是关于地方自然资源管理机构设置及其职责的规定。《地方各级人民代表大会和地方各级人民政府组织法》第 79 条中规定，地方各级人民政府根据工作需要和优化协同高效以及精干的原则，设立必要的工作部门。省、自治区、直辖市的人民政府的厅、局、委员会等工作部门和自治州、县、自治县、市、市辖区的人民政府的局、科等工作部门的设立、增加、减少或者合并，按照规定程序报请批准，并报本级人民代表大会常务委员会备案。因此，本法对地方自然资源主管部门的设置及其职责，只作了原则性规定。

第六条 【土地督察制度】国务院授权的机构对省、自治区、直辖市人民政府以及国务院确定的城市人民政府土地利用和土地管理情况进行督察。

条文注释

土地督察,是指自然资源主管部门依照法定权限、程序和方式,对本行政区域内单位和个人执行、遵守土地管理法律法规的情况进行监督检查,并对违反土地管理法律法规行为进行调查处理的行政执法行为。

本条对土地督察制度作了原则规定,主要包括以下几个方面:

1.督察的主体。土地督察的主体是经国务院授权的机构。根据《国务院办公厅关于建立国家土地督察制度有关问题的通知》的规定,国务院授权国土资源部(根据2018年3月通过的《国务院机构改革方案》的规定,将国土资源部的职责与水利部、农业部等部门的部分职责整合,组建自然资源部,不再保留国土资源部)代表国务院对各省、自治区、直辖市以及计划单列市人民政府土地利用和管理情况进行监督检查。国家土地总督察、副总督察负责组织实施国家土地督察制度。

2.督察的对象。督察对象为省、自治区、直辖市人民政府以及国务院确定的城市人民政府,国务院可以根据经济社会发展和土地管理形势的需要决定是否将城市人民政府纳入督察范围。

3.督察的内容。土地督察的内容是土地利用和土地管理情况。

关联法规

《土地管理法实施条例》第5章

《国务院办公厅关于建立国家土地督察制度有关问题的通知》

> **第七条 【守法义务、检举控告权】**任何单位和个人都有遵守土地管理法律、法规的义务,并有权对违反土地管理法律、法规的行为提出检举和控告。

条文注释

遵守《宪法》和法律是每一位公民的基本义务,本条是对《宪法》规定的公民守法义务的重申。同时,我国《宪法》还规定,公民对于任何国家机关和国家工作人员,有提出批评和建议的权利;对于任何国家机关和国家工作人员的违法失职行为,有向有关国家机关提出申诉、控告或者检举的权利,对于公民的申诉、控告或者检举,有关国家机关必须查清事实,负责处理。任何人不得压制和打击报复。

应当注意的是,本条中的有权"检举"和"控告",是指单位和公民个人对有土地违法行为的部门、单位、组织和个人,有向人民政府自然资源主管部门或者人民政府其他机关揭发、举报和指控,要求有关机关予以处理和制裁的权利,并非向人民法院提起诉讼的权利。按照《民事诉讼法》和《行政诉讼法》的规定,权利受到侵害或与相关违法行为具有利害关系的人才具有原告资格。因此,本条的"控告"仅指向有关行政部门指控、要求对违反土地管理法律、法规的行为进行制裁的行为。受理单位和公民个人对土地违法行为的检举和控告,是各级自然资源主管部门行使土地管理监督检查职责的重要内容之一。各级自然资源主管部门要尊重和保护任何单位、个人检举、控告的合法权利,有义务受理对于土地违法行为的检举和控告,并要为单位和个人提供检举、控告的便利方式和条件。自然资源主管部门应建立土地违法举报制度,这种举报制度是本条关于检举和控告规定的保障。除建立举报制度外,自然资源主管部门还应规定举报办法,保护和奖励举报人。

关联法规

《宪法》第 41 条

第八条 【奖励措施】在保护和开发土地资源、合理利用土地以及进行有关的科学研究等方面成绩显著的单位和个人,由人民政府给予奖励。

条文注释

根据本条规定,奖励的范围有三项:一是保护和开发土地资源;二是合理利用土地;三是进行与保护、开发、合理利用土地资源相关的科学研究。奖励的条件,是在保护和开发土地资源、合理利用土地以及进行有关的科学研究等方面做出显著成绩。本条规定的奖励主体包括两个方面:一是给予奖励的主体,即各级人民政府;二是被奖励的主体,即单位和个人,其中单位主要是指机关、企业和事业单位等,个人包括土地管理机关的工作人员、土地管理和利用等方面的科研人员、使用土地的个人等。

关联法规

《科学技术进步法》

《国家科学技术奖励条例》

第二章 土地的所有权和使用权

第九条 【所有权归属】城市市区的土地属于国家所有。

农村和城市郊区的土地,除由法律规定属于国家所有的以外,属于农民集体所有;宅基地和自留地、自留山,属于农民集体所有。

> 条文注释

本条第1款规定,城市市区的土地属于国家所有。这里的城市,是指国家按行政建制设立的直辖市、市、镇;这里的市区,一般理解为城市的建成区。城市市区的土地属于国家所有并不意味着国家所有的土地只有城市市区的土地。国家所有的土地还应当包括农村和城市郊区中依法没收、征用、征收、征购,收归国有的土地,以及农村和城市郊区中法律规定属于国家所有的土地。

本条第2款是关于农民集体所有的土地的规定。根据本款规定,除由法律明确规定某些土地属于国家所有外,农村和城市郊区的土地均属于农民集体所有。这里的法律,指的是由国家权力机关制定的规范性文件。例如,《宪法》第9条第1款规定:"矿藏、水流、森林、山岭、草原、荒地、滩涂等自然资源,都属于国家所有,即全民所有;由法律规定属于集体所有的森林和山岭、草原、荒地、滩涂除外。"所以,矿藏、水流、森林、山岭、草原、荒地、滩涂所占土地是法律明确规定属于国家所有的土地,即使位于农村或城市郊区,仍属于国家所有,除非法律明确规定属于农民集体。另外,宅基地和自留地、自留山属于集体所有。从实际情况来看,农民集体所有的宅基地,主要是指农民用于建造住房及其附属设施的在一定范围内的土地;自留地,是指我国农业合作化以后农民集体经济组织分配给本集体经济组织成员(村民)长期使用的土地;自留山,是指农民集体经济组织分配给其成员长期使用的少量的柴山和荒坡。农民个人对宅基地、自留地、自留山虽然可以长期使用,但所有权仍属于农民集体。

关联法规

《宪法》第9条、第10条

《民法典》第242条、第246~250条、第260条

《确定土地所有权和使用权的若干规定》第2章、第3章

第十条 【国有土地使用权】 国有土地和农民集体所有的土地,可以依法确定给单位或者个人使用。使用土地的单位和个人,有保护、管理和合理利用土地的义务。

条文注释

根据土地所有权与土地使用权相分离的原则,本条规定了国有土地和农民集体所有的土地,可以依法确定给单位或者个人使用,即单位或个人可以依法取得国有土地或集体土地的使用权。根据现行的法律规定进行分析,土地使用权具有以下特征:(1)权利具有派生性。土地使用权是

从土地所有权中派生出来的用益物权。建设用地使用权是从国有土地所有权中派生出来的用益物权；土地承包经营权和宅基地使用权是从农村集体土地所有权中派生出来的用益物权,是从国家土地所有权中分离出来的土地使用权。(2)客体具有限制性。土地使用权的客体仅限于地面,不及于地下资源、埋藏物。根据《宪法》和有关法律的规定,地下矿藏、文物、埋藏物等属于国家,土地使用权人不能因为对土地具有使用权而对上述财物具有权利。(3)目的具有特定性。取得土地使用权的目的是获得土地的使用价值,从土地利用活动中获得经济利益和为其他活动提供空间场所。(4)权利具有时限性。土地使用权是有期限的,即法律通常规定土地使用权的有效期限。在我国,土地使用权的年限采取法定形式,建设用地使用权的最长期限是70年,土地承包经营权的期限分别是耕地30年、草地30~50年、林地30~70年。这有利于权利的稳定、交易的安全和房地产市场的发展。

　　土地使用权人负有保护、管理和合理利用土地的义务。保护、管理,是指对土地生产能力的保护和管理,也就是对土地生态及其环境的良好性能和质量的保护和管理。合理利用土地,是指科学使用土地,使土地的利用与其自然的、社会的特性相适应,充分发挥土地要素在生产活动中的作用,保护土地生态环境、提高土地利用率、防止水土流失和土地盐碱化,以获得最佳的经济、社会、生态的综合效益。

关联法规

　　《确定土地所有权和使用权的若干规定》第4章

第十一条 【集体所有土地经营、管理】农民集体所有的土地依法属于村农民集体所有的,由村集体经济组织或者村民委员会经营、管理;已经分别属于村内两个以上农村集体经济组织的农民集体所有的,由村内各该农村集体经济组织或者村民小组经营、管理;已经属于乡(镇)农民集体所有的,由乡(镇)农村集体经济组织经营、管理。

条文注释

根据本条规定,农民集体所有的土地的经营、管理分为以下三种情况:

(1)农民集体所有的土地依法属于村农民集体所有的,由村集体经济组织或者村民委员会经营、管理。根据《农村集体经济组织法》第2条的规定,农村集体经济组织,是指以土地集体所有为基础,依法代表成员集体行使所有权,实行家庭承包经营为基础、统分结合双层经营体制的区域性经济组织,包括乡镇级农村集体经济组织、村级农村集体经济组织、组级农村集体经济组织。村民委员会,是指根据《村民委员会组织法》的规定,组织成立的基层群众性自治组织。如果有以村为单位的农业集体经济组织,就由该村集体经济组织经营、管理;如果没有以村为单位的农业集体经济组织,则由村民委员会经营、管理。

(2)土地已经分别属于村内两个以上农村集体经济组织的农民集体所有的,由村内各该农村集体经济组织或者村民小组经营、管理。村民小组,是指行政村内由村民组成的自治组织。"已经分别属于村内两个以上农村集体经济组织的农民集体所有"的土地,是指该土地在改革开放以前就分别属于两个以上的生产队,现在该土地仍然分别属于相当于原生产队的各该农村集体经济组织或者村民小组的农民集体所有。如果村内有集体经济组织的,就由村内的集体经济组织经营、管理;如果没有村内的集体经济组织,则由村民小组经营、管理。

(3)土地已经属于乡(镇)农民集体所有的,由乡(镇)农村集体经济组织经营、管理。对于已经属于乡(镇)农民集体所有的土地,应当由乡(镇)农村集体经济组织经营、管理,而乡(镇)政府不应经营、管理这些土地。因为乡(镇)政府与村民委员会不同,它是一级政权组织,而不属于群众性自治组织。农民集体所有的土地,属于农民的集体财产,而不属于国家财产,所以,乡(镇)政府不应经营、管理。

本条规定实际上是以法律的形式,继续维持了我国广大农村以往实行的"三级所有、队为基础"的农民集体所有土地的基本形式,使党在农村的政策具有连续性和稳定性,进而保护和调动广大农民的积极性。

关联法规

《确定土地所有权和使用权的若干规定》第3章

第十二条 【土地所有权和使用权登记】土地的所有权和使用权的登记,依照有关不动产登记的法律、行政法规执行。

依法登记的土地的所有权和使用权受法律保护,任何单位和个人不得侵犯。

条文注释

本条是关于土地所有权和使用权登记的规定。

(1)土地的所有权和使用权的登记依照有关不动产登记的法律、行政法规执行。根据《民法典》物权编的规定,国家对不动产实行统一登记制度,不动产登记由不动产所在地的登记机构办理。国家建立不动产统一登记制度后,对现行分散的登记制度进行改革,并出台了《不动产登记暂行条例》,进一步细化了不动产统一登记制度,明确了登记的内容、程序等相关内容,将土地、林地、草地等不动产权利进行统一登记。

(2)依法登记的土地的所有权和使用权受法律保护。本条第2款强调依法登记的土地的所有权和使用权受法律保护,该款包括以下几个方面的含义:一是土地所有权人和使用权人必须是依法经过登记的所有权人和使用权人;二是任何单位和个人不得侵犯依法登记的土地所有权和使用权,包括政府及其有关部门、法人和其他组织、个人等;三是当土地所有权人和使用权人的权利受到侵害时,可以请求行政机关、司法机关给予保护,可以要求依法制止侵害行为,也可以要求依法确认权利归属。

(3)土地使用权的范围。本条中的土地使用权是一个宽泛的概念,包括国有建设用地使用权、宅基地使用权、集体(经营性)建设用地使用权和农村土地承包经营权、林地使用权、草原使用权、滩涂和水面的养殖使用权、国有农用地使用权等。

关联法规

《民法典》第210条、第211条

《不动产登记暂行条例》

《不动产登记暂行条例实施细则》

第十三条 【土地承包经营】农民集体所有和国家所有依法由农民集体使用的耕地、林地、草地,以及其他依法用于农业的土地,采取农村集体经济组织内部的家庭承包方式承包,不宜采取家庭承包方式的荒山、荒沟、荒丘、荒滩等,可以采取招标、拍卖、公开协商等方式承包,从事种植业、林业、畜牧业、渔业生产。家庭承包的耕地的承包期为三十年,草地的承包期为三十年至五十年,林地的承包期为三十年至七十年;耕地承包期届满后再延长三十年,草地、林地承包期届满后依法相应延长。

国家所有依法用于农业的土地可以由单位或者个人承包经营,从事种植业、林业、畜牧业、渔业生产。

发包方和承包方应当依法订立承包合同,约定双方的权利和义务。承包经营土地的单位和个人,有保护和按照承包合同约定的用途合理利用土地的义务。

条文注释

本条第1款与《农村土地承包法》的规定作了衔接,包括以下几个方面的内容:一是明确了土地承包经营权的客体,即农民集体所有和国家所有依法由农民集体使用的耕地、林地、草地,以及其他依法用于农业的土地。二是明确土地承包经营权的主体。对一般农用地而言,以家庭承包方式设立的土地承包经营权,其主体必须是由本集体经济组织成员组成的农户,具有特定的身份性。"四荒地"(荒山、荒沟、荒丘和荒滩)土地承包人则无身份限制,除本集体经济组织成员外,其他集体经济组织成员以及城镇居民或组织也可作为承包人。三是土地承包经营的方式以农村集体经济组织内部的家庭承包方式为主,不宜采取家庭承包方式的"四荒地"等,可以采取招标、拍卖、公开协商等方式承包。四是明确土地承包经营合同的期限。家庭承包的耕地的承包期为30年,草地的承包期为30~50年,林地的承包期为30~70年;耕地承包期届满后再延长30年,草地、林地承包期届满后依法相应延长。

本条第2款规定主要针对的是国家所有的非由农民集体使用的土地。实践中,这些土地主要用于建设国有农场,一般通过划拨的方式由相关国有农场经营使用。其中,有的土地由国有农场自己经营使用,有的土地由国有农场通过签订合同租给农场职工耕种。因此,本条第2款规定的承包经营与第1款中的承包经营在性质、期限等方面有根本的区别。承包经营双方的权利义务应当通过签订合同进行明确,并应当明确土地使用费、使用期限等内容,防止国有土地资源浪费,提高土地资源利用效益。

本条第3款明确,土地承包经营权是基于承包合同取得的,发包方和承包方应当依法订立承包合同,确认双方的权利和义务。根据《农村土地承包法》的规定,发包方应当与承包方签订书面承包合同,并对承包合同应当包括的条款作了明确规定,承包合同自成立之日起生效,承包方自承包合同生效时取得土地承包经营权。本条第3款还规定,承包经营土地的单位和个人,有保护和按照承包合同约定的用途合理利用土地的义务。

关联法规

《农村土地承包法》

> **第十四条 【争议解决】**土地所有权和使用权争议,由当事人协商解决;协商不成的,由人民政府处理。
>
> 单位之间的争议,由县级以上人民政府处理;个人之间、个人与单位之间的争议,由乡级人民政府或者县级以上人民政府处理。
>
> 当事人对有关人民政府的处理决定不服的,可以自接到处理决定通知之日起三十日内,向人民法院起诉。
>
> 在土地所有权和使用权争议解决前,任何一方不得改变土地利用现状。

条文注释

土地所有权和使用权争议,是指与土地所有权和使用权相关的争议,如土地权属争议、侵犯土地所有权和使用权的争议、相邻关系争议等。在实践中,由于地界、土地权属不清和因政策、体制变更造成的历史遗留问题等易产生纠纷。因此需要有规则和程序处理相关纠纷。

关于土地权属争议,本条规定了三种解决办法:第一,由当事人协商解决。协商解决,是指发生土地权属纠纷后,当事人双方在平等互利、自愿互谅的基础上,彼此作出一定的让步,在双方都可以接受的情况下,达成一种和解协议。这样做可以免去复杂的诉讼过程,迅速、及时地解决纠纷,有助于保持双方的友好关系,具有迅速、灵活、有效、成本低的优点,也是解决土地权属纠纷的首选方案。但当事人自愿达成的协议缺乏强制力,当事人不履行协议时,仍需通过其他途径处理。因此,协商解决具有一定的局限性。第二,协商不成的,由人民政府处理。当事人就土地所有权和使用权争议进行协商之后,达不成协议或者达成协议后一方反悔的,由人民政府处理。由于土地权属的争议涉及不同当事人,本条第2款规定,单位之间的争议,由县级以上人民政府处理;个人之间、个人与单位之间的争议,由乡级人民政府或者县级以上人民政府处理。人民政府在处理土地所有权和使用权的争议时,应当进行调查,并在查清事实的基础上,依法作出处理决定。第三,向人民法院起诉。根据本条第3款的规定,当事人对有关人民政府的处理决定不服的,可以自接到处理决定通知之日起30日内,向人民法院起诉。这里的诉讼指的是行政诉讼,被告为作出处理决定的人民政府。

需要注意的是,本条第4款规定,在土地所有权和使用权争议解决前,任何一方不得改变土地利用现状。

关联法规

《行政诉讼法》第2条、第12条

《农村土地承包法》第4章

第三章 土地利用总体规划

第十五条 【规划要求、期限】各级人民政府应当依国民经济和社会发展规划、国土整治和资源环境保护的要求、土地供给能力以及各项建设对土地的需求,组织编制土地利用总体规划。

土地利用总体规划的规划期限由国务院规定。

【条文注释】

土地利用总体规划,是各级人民政府为贯彻执行国家的土地利用政策,根据国民经济和社会发展情况对土地的需求以及地区的自然、社会经济条件而编制的。其是合理分配土地资源、调整土地利用结构和布局的战略构想和设计方案;是对一定地域范围内,全部土地的开发、利用、整治、保护在时间和空间上所做的总体的、战略的部署和统筹安排;具有总体性、战略性、长期性和动态性。

各级人民政府编制土地利用总体规划的依据主要是:

(1)国民经济和社会发展规划。国民经济和社会发展规划统筹安排和指导全国或某一地区的社会、经济、文化建设工作。土地利用总体规划是国民经济和社会发展规划在土地管理和利用方面的具体化,是在土地利用和管理方面实现国民经济和社会发展规划的具体措施,其编制不能脱离国民经济和社会发展规划。

(2)国土整治规划。国土整治规划是为了协调经济发展与人口、资源、环境之间的关系而进行的规划。它规划的主要对象是土地、水、气候、矿产、生物、旅游和劳动力等自然、社会和经济资源。国土整治规划要靠土地利用总体规划来落实,土地利用总体规划要充分反映国土整治规划的要求。

(3)资源环境保护的要求。一是要从国家和民族的长远利益出发,按照可持续发展的要求,在保持耕地总量基本稳定的前提下,制定土地利用总体规划。二是要在土地利用总体规划中划出重点土地整理区,通过对田、水、路、林、村的综合整理,改善生产和生活环境,提高土地利用率,增加土地的有效使用面积。

(4)土地供给能力。土地供给能力,是指根据土地的自然条件和社会环境状况,在一定的期限内,某一区域的土地所能提供的有效开发和使用的限度。在编制土地利用总体规划时,必须对土地的自然条件和社会环境予以充分考虑,必须以土地的供给能力作为编制的基本依据之一,以保障该土地利用总体规划充分发挥效益。

(5)各项建设对土地的需求。在考虑土地供给能力的基础上,还应当考虑各项建设对土地的需求。这一点与国民经济和社会发展规划密切相关。因为确定各项建设的发展情况以及对土地的需求,一般要通过国民经济和社会发展规划的制定和实施来实现。根据国民经济和社会发展规划确定的社会、经济发展状况,在一定期限内要进行的项目开发,必然会有对土地的需求问题,土地利用总体规划的编制对这一需求情况也必须予以充分考虑。

第十六条 【规划权限】下级土地利用总体规划应当依据上一级土地利用总体规划编制。

地方各级人民政府编制的土地利用总体规划中的建设用地总量不得超过上一级土地利用总体规划确定的控制指标,耕地保有量不得低于上一级土地利用总体规划确定的控制指标。

> 省、自治区、直辖市人民政府编制的土地利用总体规划,应当确保本行政区域内耕地总量不减少。

[条文注释]

在编制土地利用总体规划时,下级规划应当符合上一级土地利用总体规划确定的控制指标。土地利用总体规划的控制指标,是指根据该规划确定的土地利用目标而分解的需要下级土地利用总体规划执行的主要规划指标。土地利用总体规划的控制指标主要有两项:一是建设用地总量,其中包括建设占用耕地的数量;二是耕地保有量。全国土地利用总体规划在保证全国耕地总量不减少的前提下,确定全国土地利用总体布局和对各省、自治区、直辖市的主要规划控制指标。地方各级土地利用总体规划要严格依据上级土地利用总体规划的布局要求和主要控制指标并结合当地土地利用实际进行编制。下级土地利用总体规划确定的建设用地总量和建设占用耕地的数量不得超过上级土地利用总体规划下达的建设用地指标,下级土地利用总体规划确定的耕地保有量不得低于上级土地利用总体规划下达的耕地保有量指标。只有这样,才能保证中央政府确定的全国土地利用总体规划通过地方各级土地利用总体规划落实到乡,落实到地块。

[关联法规]

《省级土地利用总体规划会审办法》

> **第十七条 【规划编制原则】**土地利用总体规划按照下列原则编制:

(一)落实国土空间开发保护要求,严格土地用途管制;
　　(二)严格保护永久基本农田,严格控制非农业建设占用农用地;
　　(三)提高土地节约集约利用水平;
　　(四)统筹安排城乡生产、生活、生态用地,满足乡村产业和基础设施用地合理需求,促进城乡融合发展;
　　(五)保护和改善生态环境,保障土地的可持续利用;
　　(六)占用耕地与开发复垦耕地数量平衡、质量相当。

关联法规

《国务院关于促进节约集约用地的通知》
《节约集约利用土地规定》
《基本农田保护条例》
《环境保护法》第 13 条第 4 款
《城乡规划法》第 4 条

　　第十八条 【国土空间规划】国家建立国土空间规划体系。编制国土空间规划应当坚持生态优先,绿色、可持续发展,科学有序统筹安排生态、农业、城镇等功能空间,优化国土空间结构和布局,提升国土空间开发、保护的质量和效率。
　　经依法批准的国土空间规划是各类开发、保护、建设活动的基本依据。已经编制国土空间规划的，不再编制土地利用总体规划和城乡规划。

条文注释

本条第1款对编制国土空间规划的要求作了规定，编制国土空间规划应当符合本法规定的要求。国土空间规划，是为了对一定区域国土空间开发、保护，在空间和时间上作出的安排，包括总体规划、详细规划和相关专项规划。国家、省、市县编制国土空间总体规划，各地结合实际编制乡镇国土空间规划。编制国土空间规划要落实生态、绿色、可持续发展的要求，尊重自然规律、经济社会规律和城乡发展规律，科学有序统筹安排生态、农业、城镇等功能空间，优化城镇化格局、农业生产格局、生态保护格局，确定空间发展策略，转变国土空间开发保护方式，提升国土空间开发、保护的质量和效率。

编制国土空间规划要处理好其与其他相关规划之间的关系。一是处理好与国民经济和社会发展规划的关系，要强化国民经济和社会发展规划的统领作用，国土空间规划要服务于国民经济和社会发展规划，为国民经济和社会发展规划落地实施提供空间保障。二是处理好与城乡规划等已有的空间规划的关系。原则上只要涉及国土空间方面的规划，都应当纳入国土空间规划，不在国土空间规划体系之外另设其他空间规划。编制国土空间规划要整合好现有的空间方面的规划，防止出现重叠和遗漏。三是处理好与专项规划的关系。国土空间规划要统筹和综合平衡各相关专项领域的空间需求，相关专项规划要遵循国土空间总体规划，不得违背总体规划强制性内容。

本条第2款对国土空间规划的实施作了规定,包括两个方面:一是经依法批准的国土空间规划是各类开发、保护、建设活动的基本依据。首先,国土空间规划的编制要经过依法批准才能实施。其次,依法制定的国土空间规划是各类开发、保护、建设活动的基本依据,各类建设活动使用土地均需要符合国土空间规划的要求。二是已经编制国土空间规划的,不再编制土地利用总体规划和城乡规划。

关联法规

《土地管理法实施条例》第2章

《中共中央、国务院关于建立国土空间规划体系并监督实施的若干意见》

《自然资源部关于全面开展国土空间规划工作的通知》

第十九条 【土地用途】县级土地利用总体规划应当划分土地利用区,明确土地用途。

乡(镇)土地利用总体规划应当划分土地利用区,根据土地使用条件,确定每一块土地的用途,并予以公告。

条文注释

土地利用区,是指各级土地利用总体规划中,依据土地的适宜性和利用现状,以及当地社会经济持续发展的要求和上级土地利用总体规划下达的规划指标、布局要求划分出的土地主要规划用途相对一致的区域。

土地利用区在土地利用总体规划图上一般采用二级区分。第一级分区,即依据土地自然和社会经济条件的差异,以及土地利用中存在问题的相似性,兼顾行政界限、地域完整性而划分的。一般第一级分区为：农业用地区、建设用地区、人文及自然景观保护区、土地整理区、暂不利用区等。第二级分区，即依据土地的主导用途划分的。如农业用地区可分为基本农田保护区、一般耕地区、耕地开垦区、林业用地区、牧业用地区等。县级土地利用总体规划除了应当对土地利用区进行划分外，还应对不同土地的用途作出明确。

乡（镇）土地利用总体规划，是我国土地利用总体规划体系中最低层次的土地利用总体规划。它应当根据县级土地利用总体规划的要求，结合当地的土地资源和社会经济条件以及乡（镇）建设规划等，确定本乡（镇）的土地利用目标、方向和土地利用结构、具体建设项目的用地范围等，是对县级规划的具体化。因此，乡（镇）土地利用总体规划应当确定每一块土地的用途，并按照法律、法规规定的程序进行公告，使土地所有者或者使用者知道土地的规划用途，有利于社会监督。

关联法规

《城乡规划法》第35条

第二十条 【分级审批】土地利用总体规划实行分级审批。

省、自治区、直辖市的土地利用总体规划，报国务院批准。

省、自治区人民政府所在地的市、人口在一百万以上的城市以及国务院指定的城市的土地利用总体规划，经省、自治区人民政府审查同意后，报国务院批准。

> 本条第二款、第三款规定以外的土地利用总体规划,逐级上报省、自治区、直辖市人民政府批准;其中,乡(镇)土地利用总体规划可以由省级人民政府授权的设区的市、自治州人民政府批准。
> 土地利用总体规划一经批准,必须严格执行。

条文注释

根据本条的规定,土地利用总体规划审批采取的是二级审批,即由国务院和省级人民政府二级审批。国务院的审批权限为:省、自治区、直辖市的土地利用总体规划,省、自治区人民政府所在地的市、人口在100万以上的城市以及国务院指定的城市的土地利用总体规划,其余土地利用总体规划均由省级人民政府批准,包括乡镇级的土地利用总体规划也要由省级人民政府批准。但是,在很多省份,由于区域面积较大,情况复杂,所有乡镇的土地利用总体规划都由省级人民政府批准是不现实的。所以,本条第4款进行了授权规定,即省政府可以授权设区的市、自治州人民政府审查批准。设区的市、自治州本来是没有土地利用总体规划批准权的,省级人民政府按照行政授权方式把土地规划批准权授予其行使,这只是一种权力行使主体的法律委托,并不是土地利用总体规划由二级审批变为三级审批。

土地利用总体规划一经批准,即具有法律效力,必须严格执行。任何人,特别是各级政府,要严格按照土地利用总体规划确定的土地用途合理使用土地,在土地利用总体规划期限内一般不得修改,确实需要修改的,应依照法定程序,经原批准机关批准。

第二十一条 【建设用地规模】城市建设用地规模应当符合国家规定的标准,充分利用现有建设用地,不占或者尽量少占农用地。

城市总体规划、村庄和集镇规划,应当与土地利用总体规划相衔接,城市总体规划、村庄和集镇规划中建设用地规模不得超过土地利用总体规划确定的城市和村庄、集镇建设用地规模。

在城市规划区内、村庄和集镇规划区内,城市和村庄、集镇建设用地应当符合城市规划、村庄和集镇规划。

关联法规

《城乡规划法》第4条
《城市房地产管理法》第10条
《土地管理法实施条例》第14条

第二十二条 【综合治理】江河、湖泊综合治理和开发利用规划,应当与土地利用总体规划相衔接。在江河、湖泊、水库的管理和保护范围以及蓄洪滞洪区内,土地利用应当符合江河、湖泊综合治理和开发利用规划,符合河道、湖泊行洪、蓄洪和输水的要求。

条文注释

除了土地利用总体规划外,我国目前还有许多其他专业规划,如江河、湖泊综合治理和开发利用规划。因此,本条规定,江河、湖泊综合治理和开发利用规划,应当与土利用总体规划相衔接。上述规划之间不能有矛盾。同时，在制定土地利用总体规划时，也要充分考虑江河、湖泊综合治理和开发利用规划的要求。在江河、湖泊、水库的管理和保护范围以及蓄洪滞洪区内，土地利用应当符合江河、湖泊综合治理和开发利用规划，符合河道、湖泊行洪、蓄洪和输水的要求。

关联法规

《长江保护法》第 19 条

《防洪法》第 11 条

《大中型水利水电工程建设征地补偿和移民安置条例》第 11 条

第二十三条 【土地利用年度计划】各级人民政府应当加强土地利用计划管理，实行建设用地总量控制。

土地利用年度计划，根据国民经济和社会发展计划、国家产业政策、土地利用总体规划以及建设用地和土地利用的实际状况编制。土地利用年度计划应当对本法第六十三条规定的集体经营性建设用地作出合理安排。土地利用年度计划的编制审批程序与土地利用总体规划的编制审批程序相同，一经审批下达，必须严格执行。

条文注释

土地利用年度计划，是根据土地利用总体规划、国民经济和社会发展计划、国家产业政策和土地利用的实际状况编制的年度内各项用地数量的具体安排。本条第 1 款规定，各级人民政府应当加强土地利用计划管理，实行建设用地总量控制。

本条第 2 款中规定,土地利用年度计划应当对本法第 63 条规定的集体经营性建设用地作出合理安排,即农村集体经营性建设用地入市后,要将集体经营性建设用地纳入土地利用年度计划。

关联法规

《大中型水利水电工程建设征地补偿和移民安置条例》第 20 条

第二十四条 【计划执行情况报告】省、自治区、直辖市人民政府应当将土地利用年度计划的执行情况列为国民经济和社会发展计划执行情况的内容,向同级人民代表大会报告。

条文注释

土地利用年度计划能否严格执行,直接关系土地利用总体规划能否落实,土地用途管制能否实现、耕地总量能否确保不减少的大问题,仅靠行政机关自身的监督机制难以保证土地利用年度计划的严格执行。本条将土地利用年度计划的执行情况列为省级人民政府向同级人民代表大会报告国民经济和社会发展计划执行情况的内容,充分反映了各级人民代表大会及其常务委员会对土地管理的高度重视,也表明在我国保护土地资源、合理利用土地的重要性。

关联法规

《宪法》第 99 条第 2 款

《地方各级人民代表大会和地方各级人民政府组织法》第 11 条

第二十五条 【修改规划】经批准的土地利用总体规划的修改,须经原批准机关批准;未经批准,不得改变土地利用总体规划确定的土地用途。

经国务院批准的大型能源、交通、水利等基础设施建设用地,需要改变土地利用总体规划的,根据国务院的批准文件修改土地利用总体规划。

经省、自治区、直辖市人民政府批准的能源、交通、水利等基础设施建设用地,需要改变土地利用总体规划的,属于省级人民政府土地利用总体规划批准权限内的,根据省级人民政府的批准文件修改土地利用总体规划。

条文注释

土地利用总体规划的修改,是指在土地利用总体规划确定的期限内,由于不可抗力等因素的出现,或者由于国家基础设施建设用地的需要,使经批准的土地利用总体规划不能适应社会和经济发展的要求,需要改变土地利用总体规划的,经原批准机关批准,改变土地利用总体规划确定的土地用途的行为。根据本法第20条第5款的规定,土地利用总体规划一经批准,即具有法律效力,必须严格执行。所以,对土地利用总体规划的修改必须十分慎重,频繁地修改会影响土地利用总体规划的严肃性和权威性。因此,本条在土地利用总体规划的修改程序、修改的审批权限上作了严格的规定。

关联法规

《建设项目用地预审管理办法》第 15 条

第二十六条 【土地调查】国家建立土地调查制度。

县级以上人民政府自然资源主管部门会同同级有关部门进行土地调查。土地所有者或者使用者应当配合调查,并提供有关资料。

条文注释

土地调查,是指县级以上人民政府及其土地管理机关根据需要,在一定范围和期限内,为查清土地的数量、质量、分布、利用和权属情况而采取的一项具有技术性的行政法律措施。土地调查对确定该行政区域土地的自然环境、经济和社会条件以及开发利用均有重要意义。只有在明确土地实际情况的基础上,对土地的开发利用才能逐步走向合理化,才能防止土地资源的浪费及低效、无序利用。

关联法规

《土地管理法实施条例》第 4 条

《土地调查条例》

《土地调查条例实施办法》

第二十七条 【土地等级评定】县级以上人民政府自然资源主管部门会同同级有关部门根据土地调查成果、规划土地用途和国家制定的统一标准,评定土地等级。

条文注释

土地分等定级,是地籍管理工作的重要组成部分,是科学确定土地税费、土地价格、征地补偿费、划定土地利用区的重要依据。土地分等定级可按土地评定对象的不同分为城镇土地分等定级和农用土地分等定级两种类型。城镇土地分等定级,是对城镇土地利用适宜性的评定——在对城镇土地的自然和经济属性及其在社会活动中的地位作用综合分析的基础上,划分土地等级。农用土地分等定级,则是对农用土地质量或生产力高低的评定,也是通过对农业生产条件的综合分析,对农用土地生产潜力及其差异程度的评估。

关联法规

《土地管理法实施条例》第5条

第二十八条 【土地统计】国家建立土地统计制度。

县级以上人民政府统计机构和自然资源主管部门依法进行土地统计调查,定期发布土地统计资料。土地所有者或者使用者应当提供有关资料,不得拒报、迟报,不得提供不真实、不完整的资料。

统计机构和自然资源主管部门共同发布的土地面积统计资料是各级人民政府编制土地利用总体规划的依据。

条文注释

土地统计,是指国家对土地的数量、质量、分布、利用状况和权属状况进行调查、汇总、分析,并定期发布的制度。

土地统计的任务是全面了解全国土地资源状况,掌握土地资源调查评价、开发利用及管理情况;系统收集、整理、分析土地数据信息,保证统计资料的现实性,为有关部门制定规划、政策和进行宏观调控提供依据,为社会公众提供信息服务。

土地统计资料,是社会经济活动的重要依据或参考,对社会意义重大,应当做到共享共用,充分发挥土地统计资料的社会效益。因此,土地统计资料应当定期发布,县级以上人民政府统计机构和自然资源主管部门有义务将土地统计资料向社会公开,为社会提供准确、客观、翔实的资料,供社会查阅。

统计机构和自然资源主管部门共同发布的土地统计资料,是各级人民政府土地管理工作的基本依据。其中,土地面积统计资料是各级人民政府编制土地利用总体规划的依据。在编制土地利用总体规划时,应当充分利用好土地统计资料,确保土地利用总体规划科学编制。

关联法规

《统计法》第3章

第二十九条 【动态监测】国家建立全国土地管理信息系统,对土地利用状况进行动态监测。

条文注释

土地管理信息系统,是指以计算机为核心,以土地资源详查、土壤普查、规划、计划、各种遥感图像、地形图、控制网点等为信息源,对土地资源信息进行获取、输入、存储、处理、统计、分析、评析、输出、传输和应用的大型系统工程。建立土地管理信息系统是国家对土地利用状况进行动态监测的前提,也是保证科学管理的前提,是高科技成果在土地管理上的成功运用。所以,本条规定的国家建立全国土地管理信息系统十分必要。

土地利用动态监测,是指运用遥感、土地调查等技术手段和计算机、监测仪等科学设备,以土地详查的数据和图件作为本底资料,对土地利用的动态变化进行全面、系统的反映和分析的科学方法。人类利用土地的过程是不断变化的,及时掌握土地利用类型的变化信息,是进行土地利用总体规划、基本农田保护、土地利用用途管制等土地管理工作的必要条件。同时,及时获得土地利用类型变化的信息,也是国家土地主管部门制定土地利用政策及考核其效果好坏所必需的。

关联法规

《土地管理法实施条例》第6条

第四章 耕地保护

第三十条 【占用耕地补偿】国家保护耕地,严格控制耕地转为非耕地。

国家实行占用耕地补偿制度。非农业建设经批准占用耕地的,按照"占多少,垦多少"的原则,由占用耕地的单位负责开垦与所占用耕地的数量和质量相当的耕地;没有条件开垦或者开垦的耕地不符合要求的,应当按照省、自治区、直辖市的规定缴纳耕地开垦费,专款用于开垦新的耕地。

> 省、自治区、直辖市人民政府应当制定开垦耕地计划，监督占用耕地的单位按照计划开垦耕地或者按照计划组织开垦耕地，并进行验收。

条文注释

国家保护耕地，严格控制耕地转为非耕地。当前，耕地转为非耕地的主要方式有：城市建设，村镇建设，能源、交通、水利等基础设施建设，乡镇企业、宅基地、其他建设项目占用耕地，农林结构调整中发展林果、渔业等占用耕地，生态建设即退耕还林还牧等。这些行为会造成耕地的大量减少，因此对各项建设占用耕地的，都要采取严格的限制措施。

国家实行占用耕地补偿制度。为了保证耕地总量的动态平衡，占用耕地要补偿，补偿的办法是开垦新的耕地，而不是对被占用耕地者的物质上的补偿。非农业建设经批准占用耕地的，按照"占多少，垦多少"的原则，由占用耕地的单位负责开垦与所占用耕地的数量和质量相当的耕地。这一规定明确了占用耕地者应承担的法律义务。除了依法缴纳有关费用外，还必须负责开垦新的耕地。占用耕地者开垦土地，不仅有数量的要求，还有质量的要求。首先，耕地的数量不能减少。保证耕地数量不减少是耕地占用补偿制度的首要宗旨。其次，土地质量不下降。仅有土地的数量，没有土地的质量不是完全意义上的占补平衡。开垦土地的质量要达到或基本达到被占耕地的质量。最后，对于没有荒地后备资源的地方，也可以用改造中低产田，使之成为质量较好的耕地的办法达到补足数量的目的。对于没有条件开垦或者开垦的耕地不符合要求的，应当按照省、自治区、直辖市的规定缴纳耕地开垦费,专款用于开垦新的耕地。我国地域广阔,各地情况差别较大,因此这里未规定开垦费的缴纳标准,由各地根据实际情况自行规定,但必须专款专用。

关联法规

《土地管理法实施条例》第 8 条

《基本农田保护条例》第 3 章

《土地复垦条例》第 4 条

《中共中央、国务院关于加强耕地保护和改进占补平衡的意见》

《自然资源部、农业农村部关于改革完善耕地占补平衡管理的通知》

第三十一条 【建设占用耕地的耕作剥离利用】县级以上地方人民政府可以要求占用耕地的单位将所占用耕地耕作层的土壤用于新开垦耕地、劣质地或者其他耕地的土壤改良。

条文注释

耕地耕作层,是经耕种熟化的表土层,养分含量比较丰富,是耕地最重要的组成部分。耕地耕作层是经过多年的耕作、施肥和培养形成的,是农业生产中宝贵的资源。但在工程建设中,耕作层的土壤好坏与建设毫无关系,有的工程还必须将耕作层挖掉,来加固基础。因此,将耕作层土壤用于新开垦的耕地是有利的,可以加快新开垦耕地熟化的过程。本条规定不是硬性规定,它是指县级以上地方人民政府可以根据被占用耕地的土壤状况和剥离、运送耕作层土壤的成本,决定是否要求占用耕地的单位将所占用的耕地的耕作层用于新开垦的耕地、劣质地或者其他土壤条件一般的土地的土壤改良。

关联法规

《土地管理法实施条例》第 11 条

《基本农田保护条例》第 16 条

第三十二条 【省级人民政府耕地保护责任】省、自治区、直辖市人民政府应当严格执行土地利用总体规划和土地利用年度计划,采取措施,确保本行政区域内耕地总量不减少、质量不降低。耕地总量减少的,由国务院责令在规定期限内组织开垦与所减少耕地的数量与质量相当的耕地;耕地质量降低的,由国务院责令在规定期限内组织整治。新开垦和整治的耕地由国务院自然资源主管部门会同农业农村主管部门验收。

个别省、直辖市确因土地后备资源匮乏,新增建设用地后,新开垦耕地的数量不足以补偿所占用耕地的数量的,必须报经国务院批准减免本行政区域内开垦耕地的数量,易地开垦数量和质量相当的耕地。

条文注释

1. 以省、自治区、直辖市为单位实行耕地总量和质量平衡,明确了省、自治区、直辖市人民政府耕地保护的目标和责任。《中共中央、国务院关于加强耕地保护和改进占补平衡的意见》中提出,要完善省级人民政府耕地保护责任目标考核办法,全面检查和考核耕地与永久基本农田保护情况、高标准农田建设任务完成情况、补充耕地任务完成情况、耕地占补平衡落实情况等。

2. 保证耕地总量不减少、耕地质量不降低是对各省、自治区、直辖市人民政府的最低要求,有些省、自治区、直辖市的耕地数量还应该增加,质量还应该提高。各省、自治区、直辖市应当根据国务院确定的耕地保护目标,将耕地保护责任层层落实到各级政府。

3. 对于省级人民政府没有切实履行耕地保护责任的,国务院将及时采取措施,对于耕地数量减少的,国务院将责令其在规定期限内组织开垦与减少耕地数量与质量相当的耕地;对于耕地质量降低的,国务院将责令其在规定期限内组织整治。同时,对于新开垦和整治的耕地,由自然资源部会同农业农村部进行验收。

4. 根据我国实际情况,个别省、直辖市难以在本行政区域内做到耕地占补平衡。按照中央有关占补平衡文件的要求,耕地后备资源严重匮乏的直辖市,新增建设占用耕地后,新开垦耕地数量不足以补充所占耕地数量的,可向国务院申请国家统筹;资源环境条件严重约束、补充耕地能力严重不足的省份,对由于实施国家重大建设项目造成的补充耕地缺口,可向国务院申请国家统筹。

关联法规

《土地管理法实施条例》第8条

《自然资源部办公厅关于改进耕地占补平衡动态监管系统有关事项的通知》

第三十三条 【永久基本农田保护制度】国家实行永久基本农田保护制度。下列耕地应当根据土地利用总体规划划为永久基本农田,实行严格保护:

(一)经国务院农业农村主管部门或者县级以上地方人民政府批准确定的粮、棉、油、糖等重要农产品生产基地内的耕地;

(二)有良好的水利与水土保持设施的耕地,正在实施改造计划以及可以改造的中、低产田和已建成的高标准农田;

(三)蔬菜生产基地;

(四)农业科研、教学试验田;

(五)国务院规定应当划为永久基本农田的其他耕地。

各省、自治区、直辖市划定的永久基本农田一般应当占本行政区域内耕地的百分之八十以上,具体比例由国务院根据各省、自治区、直辖市耕地实际情况规定。

条文注释

永久基本农田,是指根据一定时期人口和国民经济对农产品的需求以及对建设用地的预测,依据土地利用总体规划确定的不得擅自占用或改变土地用途并实行特殊保护的耕地。

根据本条第 1 款规定,划为永久基本农田的耕地主要有以下几种:

1. 经农业农村部或者县级以上地方人民政府批准确定的粮、棉、油、糖等重要农产品生产基地内的耕地。这些地方的粮、棉、油、糖产量高,对市场贡献大,在国民经济发展和保证城乡居民生活中起着关键作用。因此,国家和地方各级人民政府对粮、棉、油、糖等生产基地建设都采取了一些特殊的政策,并给予一定的投入和扶持,对这些地区的耕地也必须实行特殊保护。

2. 有良好的水利与水土保护设施的耕地,正在实施改造计划以及可以改造的中、低产田和已建成的高标准农田。除了高产、稳产的耕地以外,有良好的水利与水土保持设施的耕地,也是具有保护价值的。高标准农田,是指集中连片、设施配套、高产稳产、生态良好、抗灾能力强、与现代农业生产和经营方式相适应的高标准基本农田。

3. 蔬菜生产基地。菜地一般是耕地的精华,具有良好的水利设施,生产条件好,产量高,而且根据蔬菜保鲜时间较短的属性,一般离城市较近,主要分布在城市近郊。

4. 农业科研、教学试验田。农业科研、教学试验田,是农业生产的高新技术生产基地,对农业的发展、提高农产品产量和质量意义重大。

5. 国务院规定应当划为永久基本农田的其他耕地。除了上述几种耕地应当划入永久基本农田以外,国务院可以根据粮食生产和经济发展的需要,确定其他应当划为永久基本农田的耕地类型。

关联法规

《乡村振兴促进法》第 14 条

第三十四条 【永久基本农田划定】永久基本农田划定以乡(镇)为单位进行,由县级人民政府自然资源主管部门会同同级农业农村主管部门组织实施。永久基本农田应当落实到地块,纳入国家永久基本农田数据库严格管理。

乡(镇)人民政府应当将永久基本农田的位置、范围向社会公告,并设立保护标志。

条文注释

根据本条的规定,划定永久基本农田需要遵守以下规定:

1. 永久基本农田的划定由县级人民政府自然资源主管部门会同同级农业农村主管部门组织实施,以乡(镇)为单位进行。

2. 永久基本农田要落实到地块。各级自然资源主管部门应当按照永久基本农田划定方案,将已经划定的永久基本农田,实地调查确认到每个地块,确定每个地块的边界、位置、面积等信息。要将永久基本农田划定作为土地利用总体规划的基本内容,在规划批准前先行核定并上图入库、落地到户,并与农村土地承包经营权确权登记相结合,将永久基本农田记载到农村土地承包经营权证书上。

3. 永久基本农田要纳入数据库管理。自然资源主管部门要建立永久基本农田数据库制度,将本行政区域内依法划定的每一块永久基本农田都纳入数据库,并进行严格管理。

4. 向社会公告,并设立保护标志。一是应当向社会公告。乡(镇)人民政府应当将永久基本农田的位置、范围向社会公告。对公告采取的具体形式,本法未作规定,可以采用报纸、网络等方式。二是应当设立保护标志。保护标志的内容可以包括永久基本农田的位置、面积、保护责任人等信息。各级人民政府及其自然资源主管部门应当重视对保护标志的设立。

关联法规

《种子法》第63条

《基本农田保护条例》第2章

第三十五条 【永久基本农田保护措施】永久基本农田经依法划定后,任何单位和个人不得擅自占用或者改变其用途。国家能源、交通、水利、军事设施等重点建设项目选址确实难以避让永久基本农田,涉及农用地转用或者土地征收的,必须经国务院批准。

禁止通过擅自调整县级土地利用总体规划、乡(镇)土地利用总体规划等方式规避永久基本农田农用地转用或者土地征收的审批。

条文注释

本条第1款规定,永久基本农田经依法划定后,任何单位和个人不得擅自占用或者改变其用途。允许占用或者改变永久基本农田用途的情形,即国家能源、交通、水利、军事设施等重点建设项目选址确实难以避让永久基本农田,涉及农用地转用或者土地征收的,必须经国务院批准。这一规定包含以下几个方面的内容:一是必须是国家能源、交通、水利、军事设施等重点建设项目才能占用永久基本农田,除此之外的其他任何项目,均不能作为占用永久基本农田的理由。二是国家重点建设项目只有在非占用不可的情况下才能占用永久基本农田,也就是说,如果建设项目有其他不占用永久基本农田的方案可供选择,就不能占用永久基本农田。三是占用永久基本农田必须由国务院审批,无论占用的永久基本农田有多大面积,只要涉及占用永久基本农田都应当报国务院审批,地方政府无权审批。

本条第2款规定,禁止通过擅自调整县级土地利用总体规划、乡(镇)土地利用总体规划等方式规避永久基本农田农用地转用或者土地征收的审批。这一规定包含以下几个方面的内容:一是禁止通过擅自调整规划规避审批,并不意味着可以通过合法程序调整规划规避审批。土地利用总体规划调整的审批机关在审查时,应当严格审查地方政府调整土地利用总体规划的意图,防止规避永久基本农田占用审批。二是本款针对的是调整县级土地利用总体规划、乡(镇)土地利用总体规划。一方面,根据本法的规定,县乡级土地利用总体规划需要划分土地利用区,明确土地用途,土地用途在县乡级土地利用总体规划中是明确的,通过调整县乡级土地利用总体规划规避永久基本农田占用审批最有可能;另一方面,根据本法的规定,省和一些主要城市的土地利用总体规划的调整需由国务院审批,永久基本农田占用的审批也需由国务院审批。三是除了禁止通过调整县、乡(镇)土地利用总体规划规避永久基本农田农用地转用或者土地征收的审批外,通过其他方式规避审批也是不允许的。即只要是为了规避永久基本农田农用地转用或者土地征收的审批,无论采取何种方式都是不允许的。

关联法规

《刑法》第342条

《基本农田保护条例》第3章

> **第三十六条 【耕地质量保护】**各级人民政府应当采取措施,引导因地制宜轮作休耕,改良土壤,提高地力,维护排灌工程设施,防止土地荒漠化、盐渍化、水土流失和土壤污染。

条文注释

本条对轮作休耕作了原则规定,各级人民政府应当采取措施,引导因地制宜轮作休耕。这一规定有以下几个方面的内容:一是轮作休耕是引导性的,不是强制性的,不能违背农民的意愿搞强迫命令。地方人民政府及有关部门可以采取补贴、奖励等措施引导农民轮作休耕,但不能要求农民必须轮作休耕。在农民自愿的前提下,对政府组织开展的轮作休耕,要依法给予农民补偿,防止农民利益受损。二是轮作休耕要因地制宜,不能搞"一刀切"。轮作休耕的目的旨在恢复土壤质量,提高土地生产能力。三是轮作休耕要与粮食生产和农民收入相结合。四是轮作休耕要与弃耕抛荒相区别。轮作休耕是为了恢复土地生产能力,弃耕抛荒是在土地有生产能力的情况下放弃农业生产,是闲置、浪费耕地的行为,二者性质不同。法律对弃耕抛荒行为是禁止的。

改良土壤,是指改变土地的不良性状,防止土地退化,恢复和提高土地生产力;提高地力,即提高土地生产力。土壤的肥力是反映土壤肥沃性的一个重要指标,是从养分条件和环境条件方面供应和协调农作物生产的能力。土壤肥力越高,提供的养分越多,作物产量也就越高。因此,改良土壤,提高地力,可以提高粮、棉、油的单产,发挥耕地的最大效益。

排灌工程设施,是为灌溉农田、排泄水流而兴修的水利工程设施。水利是农业的命脉,水利设施的建设对农业生产来讲是必不可少的,直接影响农业生产的产量,是保障粮食高产稳产的必要条件。

本条还规定了防止土地荒漠化、盐渍化、水土流失和土壤污染。土地荒漠化,是指耕地的生态平衡遭到破坏而使其逐步变成沙漠的现象;盐渍化,是指土壤中含有过多的可溶性盐,对大多数作物都有不同程度的危害;水土流失,是指在自然或人为因素影响下造成的地表土壤中的水分和土壤同时流失的现象;土壤污染,是指人为导致某种物质进入陆地表层土壤,引起土壤化学、物理、生物等方面特性的改变,影响土壤功能和有效利用,危害公众健康或者破坏生态环境的现象。

关联法规

《乡村振兴促进法》第36条

《土壤污染防治法》

《水土保持法》

《水土保持法实施条例》

第三十七条 【非农业建设用地原则以及禁止破坏耕地】非农业建设必须节约使用土地,可以利用荒地的,不得占用耕地;可以利用劣地的,不得占用好地。

禁止占用耕地建窑、建坟或者擅自在耕地上建房、挖砂、采石、采矿、取土等。

禁止占用永久基本农田发展林果业和挖塘养鱼。

条文注释

本条第1款规定,非农业建设必须节约使用土地,可以利用荒地的,不得占用耕地;可以利用劣地的,不得占用好地。这是非农业建设用地的基本原则,也是保护耕地的必要措施。这就要求各级人民政府要严格把关,非农业建设用地尽量利用荒地和劣地,保护耕地,尤其是优质耕地。

根据本条第2款的规定,禁止从事破坏耕地的活动,包括建房、挖砂、采石、采矿、取土等,这些行为不仅占用了耕地,还破坏了土壤,毁坏了耕作层,有可能造成水土流失、土地沙化,甚至土壤污染。但是,如果经过批准,并可以开垦耕地或者改善耕地质量的挖砂、采石、采矿、取土等活动,是允许开展的,但要以保护耕地和生态为前提。

本条第3款规定,禁止占用永久基本农田发展林果业和挖塘养鱼。林果业是以种植果树取得收益为目的,并不是以保护耕地为目的,有的林果业还可能破坏耕作层,挖塘养鱼更是会对土壤耕作层造成永久破坏。永久基本农田是"保命田",禁止改作他用。

关联法规

《土地管理法实施条例》第12条

《最高人民法院关于审理破坏土地资源刑事案件具体应用法律若干问题的解释》第 3 条

第三十八条 【闲置、荒芜耕地】禁止任何单位和个人闲置、荒芜耕地。已经办理审批手续的非农业建设占用耕地,一年内不用而又可以耕种并收获的,应当由原耕种该幅耕地的集体或者个人恢复耕种,也可以由用地单位组织耕种;一年以上未动工建设的,应当按照省、自治区、直辖市的规定缴纳闲置费;连续二年未使用的,经原批准机关批准,由县级以上人民政府无偿收回用地单位的土地使用权;该幅土地原为农民集体所有的,应当交由原农村集体经济组织恢复耕种。

在城市规划区范围内,以出让方式取得土地使用权进行房地产开发的闲置土地,依照《中华人民共和国城市房地产管理法》的有关规定办理。

条文注释

闲置耕地,是指依法取得建设用地使用权后未能及时按照批准的用途加以利用,或者土地利用率未达到规定要求的情况。荒芜耕地,是指土地具备耕种条件,而土地使用者未按时进行耕种的情况。已经办理审批手续的非农业建设占用耕地,一年内不用而又可以耕种并收获的,应当由原耕种该幅耕地的集体或者个人恢复耕种,也可以由用地单位组织耕种;一年以上未动工建设的,应当按照省、自治区、直辖市的规定缴纳闲置费;连续二年未使用的,经原批准机关批准,由县级以上人民政府无偿收回用地单位的土地使用权;该幅土地原为农民集体所有的,应当交由原农村集体经济组织恢复耕种。但这时,该农民集体经济组织对这幅耕地享有的应该是使用权,而不是所有权。

关联法规

《城市房地产管理法》第 8～22 条

《闲置土地处置办法》

第三十九条 【土地开发】国家鼓励单位和个人按照土地利用总体规划,在保护和改善生态环境、防止水土流失和土地荒漠化的前提下,开发未利用的土地;适宜开发为农用地的,应当优先开发成农用地。

国家依法保护开发者的合法权益。

条文注释

未利用的土地,是指农用地和建设用地以外的土地。土地开发,是指在保护和改善生态环境、防止水土流失和土地荒漠化的前提下,采用科学的手段和措施,将未利用土地资源开发利用的活动。土地开发必须具备一定的条件:其一,必须符合土地利用总体规划,在土地利用总体规划允许开发的区域内开发。其二,必须以保护和改善生态环境,防止水土流失和土地荒漠化为前提。其三,适宜开发为农用地的,应当优先开发为农用地。其中,适宜开发为耕地的应当开发为耕地,以达到补充和增加耕地的目的。当然,如果开发为其他农用地,如发展林果业、渔业,可以将原有的果园、鱼塘逐步退耕,同样可以达到补充和增加耕地的目的。

国家依法保护开发者的合法权益。这些权益包括依法享有对土地的开发权、开发后的使用权、收益权等。

第四十条 【开垦条件】开垦未利用的土地,必须经过科学论证和评估,在土地利用总体规划划定的可开垦的区域内,经依法批准后进行。禁止毁坏森林、草原开垦耕地,禁止围湖造田和侵占江河滩地。

根据土地利用总体规划,对破坏生态环境开垦、围垦的土地,有计划有步骤地退耕还林、还牧、还湖。

条文注释

开垦未利用的土地,是指对未利用的土地(如"四荒土地")采取工程措施、生物措施或综合措施,使其改造为以种植、养殖为主的、可持续性利用的农用土地的活动。较之土地开发而言,开垦活动的范围较窄,只限于对未利用土地进行农用地的开发。开垦未利用的土地,必须遵守以下规定:(1)经过科学论证和评估。一是开垦价值,即经过论证、评估,预测开发土地的价值。二是保护生态环境,即不破坏生态环境的,经依法批准后,可组织开垦;认为开垦价值不高,并对生态环境有影响的,就不应开垦。(2)在土地利用总体规划划定的可开垦的区域内进行。(3)经依法批准。未经批准,不得擅自开垦。(4)禁止毁坏森林、草原开垦耕地,禁止围湖造田和侵占江河滩地。森林、草原和江河、湖泊、滩地都具有重要的经济价值和生态价值,对生态环境的维护有着重要意义。因此,毁坏森林、草原开垦耕地,围湖造田,侵占江河滩地等行为应该禁止。

关联法规

《渔业法》第 34 条

《农业法》第 62 条

《防沙治沙法》第20条
《河道管理条例》第27条

第四十一条 【开垦土地使用权】开发未确定使用权的国有荒山、荒地、荒滩从事种植业、林业、畜牧业、渔业生产的,经县级以上人民政府依法批准,可以确定给开发单位或者个人长期使用。

关联法规
《土地管理法实施条例》第9条

第四十二条 【土地整理】国家鼓励土地整理。县、乡(镇)人民政府应当组织农村集体经济组织,按照土地利用总体规划,对田、水、路、林、村综合整治,提高耕地质量,增加有效耕地面积,改善农业生产条件和生态环境。

地方各级人民政府应当采取措施,改造中、低产田,整治闲散地和废弃地。

条文注释

土地整理,是指通过采取各种措施,对田、水、路、林、村综合整治,提高耕地质量,增加有效耕地面积,改善农业生态条件和生态环境的行为。虽然土地资源的自然供应能力是固定的、有限的,但其经济供应能力是有弹性的,受自然、经济、社会等因素影响。土地整理正是通过借助对这些因素的改善来不断提高土地资源的经济供应能力。目前,农村地区的土地整理基本形式有两种:一种是综合治理,即在一定地域内,对田、水、路、林、村等实行综合整治。建筑物搬迁,废弃地复垦,农田建设等统一规划,同步实施。另一种是专项整理,即本着先易后难、重点突破原则,对田、水、路、林、村的一项或几项进行专项整治,待发展到一定阶段后,逐步向综合整理完善。

各级人民政府在土地整理中的主要任务是采取各种措施,对中产田、低产田进行改造,对闲散地和废弃地进行整治。这也是土地整理的重要内容之一。闲散地,是指已利用面积以外的零星土地,包括田头、地角、村边、路旁河滩以及废弃的大坑、场院等。这些土地虽然比较零碎,但位于已开发利用的土地之间,地理位置比较优越,易于开发,用少量的投资即可获得比较高的经济效益。废弃地,是指采矿等企业废弃不用的土地,对这部分土地的恢复利用也非常重要。

关联法规

《乡村振兴促进法》第14条第3款

《土地管理法实施条例》第10条

第四十三条 【土地复垦】因挖损、塌陷、压占等造成土地破坏,用地单位和个人应当按照国家有关规定负责复垦;没有条件复垦或者复垦不符合要求的,应当缴纳土地复垦费,专项用于土地复垦。复垦的土地应当优先用于农业。

条文注释

土地复垦,是指对在生产建设过程中,因挖损、塌陷、压占等造成破坏的土地,采取整治措施,使其恢复到可供利用状态的活动。土地复垦是土地保护的一项重要措施。

土地复垦实行"谁破坏,谁复垦"的原则。企业和个人在生产建设过程中,对其使用并破坏的国有土地或国家不征用的集体所有土地,应当承担复垦的义务。造成土地破坏的单位和个人没有条件复垦或者复垦的土地经自然资源主管部门验收后不合格的,应当缴纳土地复垦费。其中,基本建设过程中破坏的土地,土地复垦费从基本建设投资中列支;生产过程中破坏的土地,土地复垦费从企业更新改造资金和生产发展基金中列支。土地复垦费专款用于土地复垦,任何单位和个人不得挪用。同时,复垦后的土地应当优先用于农业。

关联法规

《土地复垦条例》

《土地复垦条例实施办法》

第五章 建设用地

第四十四条 【农用地转用制度】建设占用土地,涉及农用地转为建设用地的,应当办理农用地转用审批手续。

永久基本农田转为建设用地的,由国务院批准。

在土地利用总体规划确定的城市和村庄、集镇建设用地规模范围内,为实施该规划而将永久基本农田以外的农用地转为建设用地的,按土地利用年度计划分批次按照国务院规定由原批准土地利用总体规划的机关或者其授权的机关批准。在已批准的农用地转用范围内,具体建设项目用地可以由市、县人民政府批准。

在土地利用总体规划确定的城市和村庄、集镇建设用地规模范围外,将永久基本农田以外的农用地转为建设用地的,由国务院或者国务院授权的省、自治区、直辖市人民政府批准。

条文注释

农用地转用,是土地用途管制制度的关键环节,是控制农用地转为建设用地的重要措施。农用地转用,是指农用地按照土地利用总体规划,经过审查批准后转为建设用地的行为,又称农用地转为建设用地。

1. 永久基本农田转为建设用地审批。本条第 2 款规定,永久基本农田转为建设用地的,由国务院批准。根据这一规定,只要建设项目用地涉及占用永久基本农田的,整个项目的农用地转用都需要报国务院审批。这一规定与本法第 35 条关于永久基本农田保护的规定是一致的。

2. 永久基本农田以外的农用地转为建设用地审批。建设项目不占用永久基本农田的,实行分级审批。(1)在土地利用总体规划确定的城市和村庄、集镇建设用地规模范围内,为实施该规划而将永久基本农田以外的农用地转为建设用地的,按土地利用年度计划分批次按照国务院规定由原批准土地利用总体规划的机关或者其授权的机关批准。(2)在土地利用总体规划确定的城市和村庄、集镇建设用地规模范围外,将永久基本农田以外的农用地转为建设用地的,由国务院或者国务院授权的省、自治区、直辖市人民政府批准。

关联法规

《海南自由贸易港法》第 48 条

《土地管理法实施条例》第 23~25 条

第四十五条 【征地范围】 为了公共利益的需要，有下列情形之一，确需征收农民集体所有的土地的，可以依法实施征收：

（一）军事和外交需要用地的；

（二）由政府组织实施的能源、交通、水利、通信、邮政等基础设施建设需要用地的；

（三）由政府组织实施的科技、教育、文化、卫生、体育、生态环境和资源保护、防灾减灾、文物保护、社区综合服务、社会福利、市政公用、优抚安置、英烈保护等公共事业需要用地的；

（四）由政府组织实施的扶贫搬迁、保障性安居工程建设需要用地的；

（五）在土地利用总体规划确定的城镇建设用地范围内，经省级以上人民政府批准由县级以上地方人民政府组织实施的成片开发建设需要用地的；

（六）法律规定为公共利益需要可以征收农民集体所有的土地的其他情形。

前款规定的建设活动，应当符合国民经济和社会发展规划、土地利用总体规划、城乡规划和专项规划；第（四）项、第（五）项规定的建设活动，还应当纳入国

> 民经济和社会发展年度计划;第(五)项规定的成片开发并应当符合国务院自然资源主管部门规定的标准。

条文注释

　　本法第2条第4款规定,国家为了公共利益的需要,可以依法对土地实行征收或者征用并给予补偿。本条对可以依法实施征地的情形作了具体规定。

　　1.军事和外交需要用地。军事和外交是国家的基础性事务,属于典型公共利益。一般情况下,军事用地的范围应当严格限制在军事设施用地的范围内,家属住宅等其他与军事有关的非军事设施用地,可以不通过征收方式实现。外交在我国现有立法中并无明确定义,一般指一个国家在国际关系方面的活动,如参加国际组织和会议,与别的国家互派使节、进行谈判、签订条约和协定等,外交用地主要应满足国家涉外工作需要,包括外国驻华使馆、领事馆、国际机构及其生活设施等用地。

　　2.由政府组织实施的能源、交通、水利、通信、邮政等基础设施建设需要用地。基础设施,是指为社会生产和居民生活提供公共服务的物质工程设施,是用于保证国家或地区社会经济活动正常进行的公共服务系统,是社会赖以生存和发展的一般物质条件。一般而言,基础设施包括交通、邮政、供水供电、通信、能源等市政公用工程设施和公共生活服务设施。

　　3.由政府组织实施的科技、教育、文化、卫生、体育、生态环境和资源保护、防灾减灾、文物保护、社区综合服务、社会福利、市政公用、优抚安置、英烈保护等公共事业需要用地。公共事业,是指面向社会,以社会发展和进步为前提,以满足社会公共需要为基本目标,直接或者间接提供公共服务和公共产品或者代表公共利益协调各个方面利益关系的社会活动。由政府组织实施的科技、教育、文化、卫生、体育、生态环境和资源保护、防灾减灾、文物保护、社区综合服务、社会福利、优抚安置、英烈保护等,均属于公共事业。

4. 由政府组织实施的扶贫搬迁、保障性安居工程建设需要用地。扶贫搬迁,是改善贫困人口生存和发展环境的重要民生工程,需要对搬迁的人口做好安置工作,保障其生产、生活水平不降低,相关建设活动需要征收土地。由政府组织实施的保障性安居工程是保障居民住有所居的重大民生工程,属于公共利益的范畴。

5. 在土地利用总体规划确定的城镇建设用地范围内,经省级以上人民政府批准由县级以上地方人民政府组织实施的成片开发建设需要用地。并不是所有由政府组织实施的成片开发都可以征地,只有符合法律规定条件的成片开发才可以实施征地。从成片开发的内涵来看,主要是政府统一实施规划、统一开发,包括对危房比较集中、基础设施落后等地段进行统一的旧城区改建,以及对开发区、新区实施规模化开发等。

6. 法律规定为公共利益需要可以征收农民集体所有的土地的其他情形。该项是兜底条款。

关联法规

《电力法》第 16 条

《铁路法》第 36 条

《土地管理法实施条例》第 26 条

《国有土地上房屋征收与补偿条例》第8条、第9条

《国务院办公厅关于进一步加强棚户区改造工作的通知》

第四十六条 【征地审批权限】征收下列土地的,由国务院批准:

(一)永久基本农田;

(二)永久基本农田以外的耕地超过三十五公顷的;

(三)其他土地超过七十公顷的。

征收前款规定以外的土地的,由省、自治区、直辖市人民政府批准。

征收农用地的,应当依照本法第四十四条的规定先行办理农用地转用审批。其中,经国务院批准农用地转用的,同时办理征地审批手续,不再另行办理征地审批;经省、自治区、直辖市人民政府在征地批准权限内批准农用地转用的,同时办理征地审批手续,不再另行办理征地审批,超过征地批准权限的,应当依照本条第一款的规定另行办理征地审批。

条文注释

根据本条第3款的规定,征收农用地应当先行办理农用地转用审批。本款对两个审批之间的衔接作了规定,应当分为以下三种情况:一是经国务院批准农用地转用的,同时办理征地审批手续,不再另行办理征地审批。这样可以简化手续,提高办事效率,减轻基层政府和建设单位的负

担。二是经省、自治区、直辖市人民政府在征地批准权限内批准农用地转用的,同时办理征地审批手续,不再另行办理征地审批。即农用地转用批准权和征地批准权都属于省级人民政府的,由省级人民政府同时办理农用地转用和征收土地审批手续。三是超过征地批准权限的,应当另行办理征地审批,即省级人民政府有农用地转用审批权限,但没有征地审批权限,需要先由省级人民政府办理农用地转用审批,征地事项再另行报送国务院审批。

关联法规

《海南自由贸易港法》第48条

《土地管理法实施条例》第30条

《基本农田保护条例》第15条

第四十七条 【征地程序】国家征收土地的,依照法定程序批准后,由县级以上地方人民政府予以公告并组织实施。

县级以上地方人民政府拟申请征收土地的,应当开展拟征收土地现状调查和社会稳定风险评估,并将征收范围、土地现状、征收目的、补偿标准、安置方式和社会保障等在拟征收土地所在的乡(镇)和村、村民小组范围内公告至少三十日,听取被征地的农村集体经济组织及其成员、村民委员会和其他利害关系人的意见。

多数被征地的农村集体经济组织成员认为征地补偿安置方案不符合法律、法规规定的,县级以上地方人民政府应当组织召开听证会,并根据法律、法规的规定和听证会情况修改方案。

拟征收土地的所有权人、使用权人应当在公告规定期限内,持不动产权属证明材料办理补偿登记。县级以上地方人民政府应当组织有关部门测算并落实有关费用,保证足额到位,与拟征收土地的所有权人、使用权人就补偿、安置等签订协议;个别确实难以达成协议的,应当在申请征收土地时如实说明。

相关前期工作完成后,县级以上地方人民政府方可申请征收土地。

> [条文注释]
>
> 根据本条的规定,征地程序主要有以下几个步骤:
>
> 1. 土地利用现状调查。土地利用现状调查,是指以一定行政区域或自然区域(或流域)为单位,查清区内各种土地利用类型面积、分布和利用状况,并自下而上、逐级汇总为省级、全国的土地总面积及土地利用分类面积而进行的调查。
>
> 2. 社会稳定风险评估。社会稳定风险评估,是指在制定出台、组织实施或审批审核与人民群众利益密切相关的重大决策、重要政策、重大改革措施、重大工程建设项目、与社会公共秩序相关的重大活动等重大事项前,对可能影响社会稳定的因素开展系统的调查,科学的预测、分析和评估,制定风险应对策略和预案。其目的是有效规避、预防、控制重大事项实施过程中可能产生的社会稳定风险,更好地确保重大事项顺利实施。

3. 土地征收公告。根据本条第2款的规定,征收范围、土地现状、征收目的、补偿标准、安置方式和社会保障等事关被征地农民切身利益的事项,必须在拟征收土地所在的乡(镇)和村、村民小组范围内进行公告。其中,征收范围主要是精确的界址单位;土地现状主要是依土地现状调查获取的土地利用类型面积、分布和利用状况;征收目的主要是被征收土地用于何种建设;补偿标准、安置方式和社会保障主要是事关被征地群众日后生活保障的基本信息。上述信息在公告过程中必须听取被征地的农村集体经济组织及其成员、村民委员会和其他利害关系人的意见。

4. 听证程序。召开听证会听取利害关系人的意见,是科学、民主决策的重要保障。

5. 补偿登记。补偿登记,是确定补偿范围和内容的基础性工作,土地所有权人、使用权人需要在公告规定的期限内持不动产权属证明材料办理补偿登记。土地使用权人包括土地承包经营权人、土地经营权人、宅基地使用权人以及其他建设用地使用权人等。征地补偿登记除对土地所有权、使用权登记外,还应当对被征收土地的地上物进行清点,并依法进行登记,以便确定补偿方案。

6. 签订补偿、安置等协议。签订补偿、安置等协议是征地工作中的重要环节。协议的签订意味着政府与被征地村集体和当事人就补偿问题达成一致,征地工作才能顺利开展。补偿、安置等协议的核心内容应当围绕本法第48条规定的内容进行商议。本条第4款中规定,个别确实难以达成协议的应当在申请征收土地时如实说明。如果有较大比例的被征地人不同意签订补偿安置协议,应当进一步开展协商,不宜强制征地,审批机关在审批时应当严格把关,慎重决策。

7. 申请征地批准。根据本法的规定,征地的批准机关是国务院和省、自治区、直辖市人民政府。县级以上人民政府在申请征地批准时,应当将本条规定的征地前期材料同时报送审批机关,审批机关应当对征地材料进行全面审核,确保前期的征地程序符合法律的规定。

关联法规

《土地管理法实施条例》第 26~31 条

《国有土地上房屋征收与补偿条例》第 10~16 条

《最高人民法院关于审理涉及农村集体土地行政案件若干问题的规定》

第四十八条 【征地补偿安置】征收土地应当给予公平、合理的补偿,保障被征地农民原有生活水平不降低、长远生计有保障。

征收土地应当依法及时足额支付土地补偿费、安置补助费以及农村村民住宅、其他地上附着物和青苗等的补偿费用,并安排被征地农民的社会保障费用。

征收农用地的土地补偿费、安置补助费标准由省、自治区、直辖市通过制定公布区片综合地价确定。制定区片综合地价应当综合考虑土地原用途、土地资源条件、土地产值、土地区位、土地供求关系、人口以及经济社会发展水平等因素,并至少每三年调整或者重新公布一次。

征收农用地以外的其他土地、地上附着物和青苗等的补偿标准,由省、自治区、直辖市制定。对其中的农村村民住宅,应当按照先补偿后搬迁、居住条件有改善的原则,尊重农村村民意愿,采取重新安排宅基地建房、提供安置房或者货币补偿等方式给予公平、合理的补偿,并对因征收造成的搬迁、临时安置等费用予以补偿,保障农村村民居住的权利和合法的住房财产权益。

县级以上地方人民政府应当将被征地农民纳入相应的养老等社会保障体系。被征地农民的社会保障费用主要用于符合条件的被征地农民的养老保险等社会保险缴费补贴。被征地农民社会保障费用的筹集、管理和使用办法,由省、自治区、直辖市制定。

【条文注释】

1.关于补偿安置原则。(1)公平、合理的补偿。根据《宪法》第10条第3款的规定,国家为了公共利益的需要可以依照法律规定对土地实行征收或者征用并给予补偿。《民法典》《外商投资法》等法律亦有关于依法实施征收应当给予公平、合理补偿的规定。(2)原有生活水平不降低、长远生计有保障。本条第1款明确了征地补偿应当确保被征地农民原有生活水平不降低、长远生计有保障的原则。生活水平不降低,是指确保被征地人的生活水平不会因为征地而降低;长远生计有保障,是指对被征地人提供长久的保障机制,确保其生活持续稳定,主要措施包括提供就业培训、纳入社保体系等。

2.关于补偿安置内容。本条第2款规定的补偿安置内容包括土地补偿费、安置补助费以及农村村民住宅、其他地上附着物和青苗等的补偿费用,并安排被征地农民的社会保障费用。

3.关于区片综合地价。(1)区片综合地价是按照均值性区片确定的补偿标准,在一定区域内标准一致,体现了同地同价;(2)区片综合地价是针对土地确定的综合补偿标准,而不包括地上附着物和青苗补偿费,这种计算方式考虑了具体地块附着物的实际情况;(3)区片综合地价是一种预设性标准,在征地没有发生时统一制订,刚性较强。

4.关于农用地以外的其他财产的补偿。本条第4款规定,征收农用地以外的其他土地、地上附着物和青苗等的补偿标准,由省、自治区、直辖市制定。(1)对地上附着物和青苗等的补偿。地上附着物的补偿费,包括地上地下的各种建筑物、构筑物,如房屋、水井、道路、地上地下管线、水渠的拆迁和恢复费用,以及林木的补偿或砍伐费用等。青苗补偿费,是指因征收土地导致农作物不能收获,从而对农民造成损失的补偿。青苗补偿费的补偿标准,一般根据农作物的生长期按一季的产值予以计算,或者按一季作物产值的一定比例予以补偿。(2)对村民住宅的补偿。村民住宅理论上也属于地上附着物的范畴,但住宅是农民主要的财产载体,也是农民主要的生活依靠,对农民影响十分重大,不同于一般的地上附着物。本法第4款规定了重新安排宅基地建房、提供安置房、货币补偿等多种方式,各地可结合本地实际情况,在与被征地农民充分协商的基础上确定补偿安置的具体方式。同时,本条第4款还明确规定将因征收造成的搬迁、临时安置等费用纳入补偿范围。除了搬迁和临时安置费用,在征收村民住房过程中,政府应当充分考虑征收村民住房对农民的实际影响,对农民在征收过程中产生的相关费用或受到的相关损失,都应当依法给予补偿。

(3)其他土地的补偿。其他土地,指的是农用地以外的土地,包括建设用地和未利用地,实践中主要是建设用地,包括农村宅基地、公益性建设用地、经营性建设用地等。

5.关于社会保障费用。除本条第5款的规定外,《社会保险法》亦有相关规定,即征收农村集体所有的土地,应当足额安排被征地农民的社会保险费,按照国务院规定将被征地农民纳入相应的社会保险制度。

关联法规

《民法典》第243条

《外商投资法》第20条

《社会保险法》第96条

《城市房地产管理法》第6条

《土地管理法实施条例》第32条

《国有土地上房屋征收与补偿条例》第17~29条

《最高人民法院关于办理申请人民法院强制执行国有土地上房屋征收补偿决定案件若干问题的规定》

第四十九条　【征地补偿费使用】被征地的农村集体经济组织应当将征收土地的补偿费用的收支状况向本集体经济组织的成员公布,接受监督。

禁止侵占、挪用被征收土地单位的征地补偿费用和其他有关费用。

条文注释

根据《宪法》和相关法律规定，农村集体经济组织，是我国农村集体经济制度的主要组织形式，其主要职能是做好集体资产的管理工作，使集体资产得到合理利用和有效保护，并确保集体资产的保值增值。土地补偿费用当然属于集体资产，农村集体经济组织有义务对其进行管理。

农村集体经济组织管理的土地补偿费等费用，属于全体集体经济组织成员所有，这些费用的使用情况必须向本集体经济组织的成员公布，主要应当公布征收土地补偿的数额、使用情况以及收入和支出等情况，本集体经济组织成员有权监督和了解征地费的使用及收支状况。《村民委员会组织法》中规定，征地补偿费的使用、分配方案应当经村民会议讨论决定方可办理，村民会议讨论决定的事项及其实施情况应当及时公布。

征地补偿费用和其他有关费用应依法用于被征收土地者的补偿和安置，任何单位和个人，包括但不限于政府和农村集体经济组织，侵占、挪用征地补偿费和其他费用都是违法的，任何人都可以向有关机关进行举报。

关联法规

《村民委员会组织法》第24条

《乡村振兴促进法》第42条

《农业法》第71条

《刑法》第270~272条

《土地管理法实施条例》第64条

《农村集体经济组织法》第43条、第45条

第五十条 【兴办企业】地方各级人民政府应当支持被征地的农村集体经济组织和农民从事开发经营，兴办企业。

关联法规

《乡村振兴促进法》第21条

第五十一条 【大型工程征地】大中型水利、水电工程建设征收土地的补偿费标准和移民安置办法，由国务院另行规定。

条文注释

大中型水利、水电工程建设征收土地的补偿费标准和移民安置办法，之所以由国务院另行规定，主要是因为这些工程与一般的建设项目不同。大中型水利、水电工程征地的特点是：(1)征地面积和移民数量大而集中。(2)位置一般较为偏僻，对安置的人口采用农转非和招工安置等途径不具备条件，只能采用农业综合开发，发展农、林、牧、副、渔或建乡镇企业的办法安置移民。(3)经济条件和自然条件较差，人民生活水平低，如果安置不好会给农民的生活带来长期困难。(4)移民搬迁过程历时长，安置难度大，从搬迁到恢复生产并逐步发展生产，需要较长的时间和较多的资金。所以，大中型水利、水电工程建设的征地补偿标准不能与一般征地补偿标准相同，应当特殊对待。国务院制定发布了《大中型水利水电工程建设征地补偿和移民安置条例》。由于三峡工程过于巨大，国务院还专门制定了《长江三峡工程建设移民条例》。

第五十二条 【建设项目用地审查】建设项目可行性研究论证时,自然资源主管部门可以根据土地利用总体规划、土地利用年度计划和建设用地标准,对建设用地有关事项进行审查,并提出意见。

条文注释

在建设项目可行性研究报告评审阶段,自然资源主管部门对项目进行审查,可以从源头上控制农用地向非农地转化。审查时,对不符合土地利用总体规划、不符合城市总体规划、未纳入年度土地利用计划以及不符合土地管理法规和建设用地有关规定的建设项目提出意见,可以防止出现建设项目可行性研究获得批准而没有建设用地致使无法如期开工的情况,可以避免浪费和损失。

关联法规

《土地管理法实施条例》第24条
《建设用地审查报批管理办法》第4条
《建设项目用地预审管理办法》

第五十三条 【建设项目使用国有土地审批】经批准的建设项目需要使用国有建设用地的,建设单位应当持法律、行政法规规定的有关文件,向有批准权的县级以上人民政府自然资源主管部门提出建设用地申请,经自然资源主管部门审查,报本级人民政府批准。

条文注释

根据本条规定,建设项目经批准后,凡需要使用国有建设用地的,必须由建设单位持法律、行政法规规定的有关文

第五章 建设用地

件,向有批准权的县级以上人民政府自然资源主管部门提出建设用地申请。法律、行政法规规定的有关文件,主要是指建设项目的批准文件。一般情况下,建设项目的批准文件主要包括项目建议书、可行性研究报告和规划许可证等。

关联法规

《建设用地审查报批管理办法》

第五十四条 【建设用地使用权取得方式】建设单位使用国有土地,应当以出让等有偿使用方式取得;但是,下列建设用地,经县级以上人民政府依法批准,可以以划拨方式取得:

(一)国家机关用地和军事用地;

(二)城市基础设施用地和公益事业用地;

(三)国家重点扶持的能源、交通、水利等基础设施用地;

(四)法律、行政法规规定的其他用地。

条文注释

国有建设用地的取得方式有两种:一种是有偿取得;另一种是划拨取得。以有偿取得为原则,以划拨取得为例外。应当注意的是,本条的"取得"不是指取得国有建设用地的所有权,而是指取得国有建设用地的使用权。有偿取得,又称出让取得,是指土地使用者一次性或分年度向国家缴纳土地有偿使用费,国家将一定时期内的土地使用权提供给单位或个人使用。划拨取得,是指经县级以上人民政府依法批准后,在土地使用权者依法缴纳了土地补偿费、安置补偿费及其他费用后,国家将土地交付给土地使用者使用,或者国家将土地使用权无偿交付给土地使用者使用。

关联法规

《城市房地产管理法》第 8~24 条

《土地管理法实施条例》第 17 条

《城镇国有土地使用权出让和转让暂行条例》

《最高人民法院关于破产企业国有划拨土地使用权应否列入破产财产等问题的批复》

《划拨用地目录》

第五十五条 【国有土地有偿使用费缴纳和分配】

以出让等有偿使用方式取得国有土地使用权的建设单位,按照国务院规定的标准和办法,缴纳土地使用权出让金等土地有偿使用费和其他费用后,方可使用土地。

自本法施行之日起,新增建设用地的土地有偿使用费,百分之三十上缴中央财政,百分之七十留给有关地方人民政府。具体使用管理办法由国务院财政部门会同有关部门制定,并报国务院批准。

条文注释

土地使用权出让金,简称"土地出让金",是指国家将土地使用权出让给土地使用者,按规定向受让人收取的土地出让的全部价款。土地出让金的支付办法,应当由国有土地使用权有偿使用合同约定。采用出让方式的,应当先支付土地出让金及其他费用,方可为其核发不动产权属证书,建设单位方可取得土地并依法使用。采用国有土地租赁方式的,应当根据合同约定支付国有土地有偿使用费和其他费用。采用国有土地入股的,应当先办理国有土地股权持有的有关手续,签订合同或章程后,方可办理土地登记,并使用土地。土地使用者依照合同约定支付土地有偿使用费后,政府及有关部门应当依法履行合同,及时办理土地产权登记,将土地使用权交予土地使用者,政府未依法履行合同规定的义务的,土地使用者有权要求政府承担违约责任。

新增建设用地,是指建设占用农用地并依法办理农用地转用的建设用地,包括建设占用耕地、林地、草地、农田水利用地和养殖水面等土地。新增建设用地的土地有偿使用费,是指国务院或省级人民政府在批准农用地转用、征收土地时,向市县级人民政府收取的平均土地纯收益。它与土地出让金既有区别又有联系:新增建设用地有偿使用费在报批阶段缴纳;土地出让金在用地阶段缴纳。新增建设用地有偿使用费由市县级人民政府上交,具有预付性质;土地出让金由建设单位缴纳。土地出让金属于政府性基金收入,由地方政府支配;新增建设用地有偿使用费,30%上缴中央财政,70%留给有关地方人民政府,具体使用管理办法由国务院财政部门会同有关部门制定,并报国务院批准。

关联法规

《城市房地产管理法》第 19 条

《土地管理法实施条例》第 19 条

第五十六条 【建设用途】建设单位使用国有土地的,应当按照土地使用权出让等有偿使用合同的约定或者土地使用权划拨批准文件的规定使用土地;确需改变该幅土地建设用途的,应当经有关人民政府自然资源主管部门同意,报原批准用地的人民政府批准。其中,在城市规划区内改变土地用途的,在报批前,应当先经有关城市规划行政主管部门同意。

条文注释

不管是以有偿方式取得的土地使用权,还是以划拨方式取得的土地使用权,都必须按照合同的约定或者土地使用权划拨批准文件的规定使用土地。土地用途是政府批准用地的一个重要依据。

以有偿方式取得土地使用权的,必须与土地出让方订立土地使用权出让合同,土地用途是合同的一个必备条款。不同的用途用地价格是不同的,只有明确了土地用途,出让方才能确定土地有偿使用费的收取标准。如交通建设、住宅建设以及工业区开发建设等收取的土地有偿使用费是不同的。即便同是城镇住宅建设用地,按照住房性质的不同,如商品房、共有产权房等,也实行不同的价格。因此,可以说土地用途是土地使用权的核心内容,必须按照土地使用权出让合同的约定使用土地。

以划拨方式取得土地使用权的,由于其法律规定了严格的取得条件,所以更应严格按照批准的用途和要求使用土地。如需改变原批准用途的,事实上原批准文件已经失效,符合划拨使用土地的条件的,还需要县级以上人民政府重新批准;如不符合条件,就要通过有偿使用土地的方式重新取得土地使用权。

关联法规

《民法典》第 344~361 条

《土地管理法实施条例》第 41 条

《最高人民法院关于审理涉及国有土地使用权合同纠纷案件适用法律问题的解释》

第五十七条 【临时用地】 建设项目施工和地质勘查需要临时使用国有土地或者农民集体所有的土地的,由县级以上人民政府自然资源主管部门批准。其中,在城市规划区内的临时用地,在报批前,应当先经有关城市规划行政主管部门同意。土地使用者应当根据土地权属,与有关自然资源主管部门或者农村集体经济组织、村民委员会签订临时使用土地合同,并按照合同的约定支付临时使用土地补偿费。

临时使用土地的使用者应当按照临时使用土地合同约定的用途使用土地,并不得修建永久性建筑物。

临时使用土地期限一般不超过二年。

条文注释

临时用地,是指在建设施工过程中或者地质勘查过程中需要临时使用国有或集体所有的土地,使用完毕后,即恢复土地原状,归还土地所有权人的土地。临时用地包括两类:一类是工程建设施工临时用地,包括工程建设施工中设置的临时加工车间、修配厂、搅拌站、预制场、材料堆场、运输道路和其他临时设施用地;工程建设过程中的取土弃土用地;架设地上线路、铺设地下管线和其他地下工程所需临时使用的土地等。一旦建设项目竣工,上述用地便不再需要,应归还土地所有权人。另一类是地质勘查过程中的临时用地,包括因厂址、坝址、铁路、公路选址等需要对工程地质、水文地质情况进行勘测,因探矿、采矿需要对矿藏情况进行勘查所需要临时使用的土地等。

临时用地不改变土地使用性质和土地权属,一旦使用目的达到后就应及时将土地归还给土地所有权人,不可以长期占有和使用土地。临时用地毕竟是在一定期限内占有和使用土地,可能对土地和土地上的附着物带来损害,因此临时用地要经过相关部门批准。

临时用地的使用人应同土地所有权人签订临时使用土地的合同,如是国有土地,使用者要与有关自然资源主管部门签订临时使用土地的合同。如是集体所有的土地,则要与农村集体经济组织或村民委员会签订合同。合同中应当约定临时用地的范围、面积、期限、补偿费用等条款。关于临时用地的土地补偿费用,目前法律没有明确规定,由双方在合同中约定,可视临时使用土地的时间长短、对土地所有权人造成的实际损失等情况计算。

临时使用土地者应当按照合同约定的用途使用土地,临时用地只能是临时使用土地的行为,不能将临时用地改为永久建设用地,不得建永久性的建筑物及其他设施。使用结束后,应将土地的临时建设的设施全部拆除,恢复土地的原貌,并交还给土地所有权人。

关联法规

《城乡规划法》第 44 条

《防震减灾法》第 61 条

《土地管理法实施条例》第 20 条、第 21 条、第 52 条

《自然资源部关于规范临时用地管理的通知》

第五十八条 【收回国有土地使用权】有下列情形之一的,由有关人民政府自然资源主管部门报经原批准用地的人民政府或者有批准权的人民政府批准,可以收回国有土地使用权:

(一)为实施城市规划进行旧城区改建以及其他公共利益需要,确需使用土地的;

(二)土地出让等有偿使用合同约定的使用期限届满,土地使用者未申请续期或者申请续期未获批准的;

(三)因单位撤销、迁移等原因,停止使用原划拨的国有土地的;

(四)公路、铁路、机场、矿场等经核准报废的。

依照前款第(一)项的规定收回国有土地使用权的,对土地使用权人应当给予适当补偿。

条文注释

根据本条第 1 款的规定,国有土地使用权收回的情形有以下几种:

1. 为实施城市规划进行旧城区改建以及其他公共利益需要,确需使用土地的。旧城区改建需要收回国有土地使用权,主要是为了集中规划和统一建设,改善市容市貌,改

良居民生活环境,有利于集约节约利用土地,更好地实现公共利益。收回土地使用权时,应当履行法定程序,充分听取土地使用权人的意见,并且要根据公平、合理的原则,对土地使用权人给予合理补偿,不能使土地使用权人因征收遭受经济损失。

2. 土地出让等有偿使用合同约定的使用期限届满,土地使用者未申请续期或者申请续期未获批准的。国有土地使用权有使用期限的要求,使用期限到期的,如果申请者未申请续期或者申请续期未获批准的,国家作为土地所有权人可以收回土地使用权。

3. 因单位撤销、迁移等原因,停止使用原划拨的国有土地的。根据有关法律法规的规定,国有划拨土地不得擅自出租、转让,如果单位撤销或迁移不再需要使用划拨的土地,可以收回该土地使用权。因这些土地采用划拨的方式无偿取得,所以收回这些土地不需要给予补偿。对于经依法批准,已将划拨的土地作为资产出资的,应当采取市场化的方式进行处理,要切实保护土地使用权人通过合法方式取得的土地使用权,不应当强制无偿收回。

4. 公路、铁路、机场、矿场等经核准报废的。公路、铁路、机场、矿场等报废的土地不再需要使用,国家可以将这部分土地收回。需要注意的是,以前我国的公路、铁路、机场等基础设施,有的由政府出资建设,土地往往是划拨土地,这些基础设施经核准报废的,划拨的国有土地可以依法收回,并且不需要给予补偿。随着经济社会的发展,采用市场化方式建设的基础设施大量出现,土地使用权往往是通过出让方式取得的,对这些设施不应当适用本条的规定。

即这些基础设施即使是报废的,土地使用权人仍有权享受其依法取得的土地使用权,要保护好土地使用权人的合法权益,不应当强制收回。

第五十九条 【乡村建设使用土地要求】乡镇企业、乡(镇)村公共设施、公益事业、农村村民住宅等乡(镇)村建设,应当按照村庄和集镇规划,合理布局,综合开发,配套建设;建设用地,应当符合乡(镇)土地利用总体规划和土地利用年度计划,并依照本法第四十四条、第六十条、第六十一条、第六十二条的规定办理审批手续。

条文注释

根据本条的规定,乡镇企业、乡(镇)村公共设施、公益事业、农村村民住宅等乡(镇)村建设用地应当遵守以下规定:

1. 应当符合乡(镇)土地利用总体规划。

2. 应当符合土地利用年度计划。乡村建设用地不能突破土地利用年度计划确定的建设用地控制指标。

3. 应当符合村庄和集镇规划。根据本法第21条的规定,在村庄和集镇规划区内,村庄、集镇建设用地应当符合村庄和集镇规划。

4. 应当合理布局,综合开发,配套建设,节约集约利用土地。根据本法第17条的规定,土地利用总体规划应当统筹安排城乡生产、生活、生态用地,满足乡村产业和基础设施用地合理需求,促进城乡融合发展。根据第62条的规定,编制乡(镇)土地利用总体规划、村庄规划应当统筹并合理安排宅基地用地,改善农村村民居住环境和条件。

5. 应当依法办理相关审批手续。一是需要依照本法第60条、第61条的规定向县级以上地方人民政府自然资源主管部门提出申请，按照省、自治区、直辖市规定的批准权限，由县级以上地方人民政府批准。二是如果在农村建设住宅，需要依照本法第62条的规定向乡(镇)人民政府办理审批手续。三是如果建设活动占用农用地的，还应当依照本法第44条的规定办理农用地转用审批手续。

关联法规

《乡村振兴促进法》第61条

《城乡规划法》第4条、第41条

第六十条 【农村集体经济组织兴办企业用地要求】农村集体经济组织使用乡(镇)土地利用总体规划确定的建设用地兴办企业或者与其他单位、个人以土地使用权入股、联营等形式共同举办企业的，应当持有关批准文件，向县级以上地方人民政府自然资源主管部门提出申请，按照省、自治区、直辖市规定的批准权限，由县级以上地方人民政府批准；其中，涉及占用农用地的，依照本法第四十四条的规定办理审批手续。

按照前款规定兴办企业的建设用地，必须严格控制。省、自治区、直辖市可以按照乡镇企业的不同行业和经营规模，分别规定用地标准。

条文注释

根据本条的规定，农村集体经济组织兴办企业使用土地需要符合以下条件：

1. 应当经县级以上地方人民政府批准。申请者应当向县级以上地方人民政府自然资源主管部门提出申请,由县级以上地方人民政府批准,具体的批准权限由省、自治区、直辖市规定。县级以上地方人民政府在审批时,应当严格审核,严格控制,尽量使用存量建设用地,尽可能少占用耕地。

2. 要符合土地利用总体规划和土地利用年度计划。根据本法第59条的规定,乡镇企业应当按照村庄和集镇规划,合理布局,综合开发,配套建设;建设用地应当符合乡(镇)土地利用总体规划和土地利用年度计划。

3. 涉及占用农用地的,要依法办理农用地转用审批,即应当依照本法第44条的规定办理农用地转用审批手续。

4. 不得闲置浪费土地。十分珍惜、合理利用土地和切实保护耕地是我国的基本国策,乡村产业发展也需要同城市建设一样合理利用土地,防止大拆大建,造成土地闲置浪费。省、自治区、直辖市可以根据企业的不同行业和经营规模,因地制宜地制定用地标准。

第六十一条 【乡村公共设施、公益事业建设用地】乡(镇)村公共设施、公益事业建设,需要使用土地的,经乡(镇)人民政府审核,向县级以上地方人民政府自然资源主管部门提出申请,按照省、自治区、直辖市规定的批准权限,由县级以上地方人民政府批准;其中,涉及占用农用地的,依照本法第四十四条的规定办理审批手续。

条文注释

根据本条及本法相关条款的规定,乡(镇)村公共设施、公益事业建设用地需要符合以下要求:

1. 应当经县级以上地方人民政府批准,具体批准权限由省、自治区、直辖市确定,涉及占用农用地的,应当依照本法第44条的规定办理农用地转用审批手续。

2. 应当符合相关规划。根据本法第59条的规定,乡(镇)村公共设施、公益事业建设,应当按照村庄和集镇规划,合理布局,综合开发,配套建设,建设用地应当符合乡(镇)土地利用总体规划和土地利用年度计划。即乡(镇)村公共设施、公益事业建设不能打着公益性旗号而随意建设,县级以上地方人民政府也不能随意审批,必须符合土地利用总体规划和土地利用年度计划才能审批和建设。

3. 要节约集约利用土地。

关联法规

《村庄和集镇规划建设管理条例》第20条

第六十二条 【农村宅基地管理制度】农村村民一户只能拥有一处宅基地,其宅基地的面积不得超过省、自治区、直辖市规定的标准。

人均土地少、不能保障一户拥有一处宅基地的地区,县级人民政府在充分尊重农村村民意愿的基础上,可以采取措施,按照省、自治区、直辖市规定的标准保障农村村民实现户有所居。

农村村民建住宅,应当符合乡(镇)土地利用总体规划、村庄规划,不得占用永久基本农田,并尽量使用原有的宅基地和村内空闲地。编制乡(镇)土地利用总体规划、村庄规划应当统筹并合理安排宅基地用地,改善农村村民居住环境和条件。

农村村民住宅用地,由乡(镇)人民政府审核批准;其中,涉及占用农用地的,依照本法第四十四条的规定办理审批手续。

农村村民出卖、出租、赠与住宅后,再申请宅基地的,不予批准。

国家允许进城落户的农村村民依法自愿有偿退出宅基地,鼓励农村集体经济组织及其成员盘活利用闲置宅基地和闲置住宅。

国务院农业农村主管部门负责全国农村宅基地改革和管理有关工作。

【条文注释】

根据本条的规定,农村宅基地管理主要包含以下几个方面的内容:

1. 关于一户一宅

根据本条第 1 款的规定,农村实行一户一宅制,即农村村民每户只能在本集体经济组织申请拥有一处宅基地。旨在控制农村宅基地建设规模,减少占用耕地。

2. 关于户有所居

本条第 2 款规定,人均土地少、不能保障一户拥有一处宅基地的地区,县级人民政府在充分尊重农村村民意愿的基础上,可以采取措施,按照省、自治区、直辖市规定的标准保障农村村民实现户有所居。比如,在土地利用总体规划确定的城镇建设用地规模范围内,通过建设新型农村社区、农民公寓和新型住宅小区保障农民"一户一房"。这一规定在实施中,应当切实尊重农村村民意愿,在实施前要依照法定程序征求村民意见,听取村民诉求,要取得大多数村民的同意才能实施,不得强制赶农民上楼;在房屋的布局、设计等方面,要充分考虑农村生产生活的现实需求,既要方便农民生活,也要方便农民进行农业生产。

3. 农村村民建住宅的要求

根据本条第3款及第4款的规定,农村村民建住宅需要符合以下要求:(1)要符合乡(镇)土地利用总体规划、村庄规划。(2)不得占用永久基本农田。(3)尽量使用原有的宅基地和村内空闲地,能使用闲置建设用地的,就不能占用农用地,尤其是不能占用耕地。(4)需经有关人民政府审批。农村村民住宅用地,由乡(镇)人民政府审核批准;其中,涉及占用农用地的,依照本法第44条的规定办理审批手续。根据这一规定,宅基地审批有两种情况:一是不涉及占用农用地的,由乡镇人民政府负责审核批准。二是占用农用地的,应当根据本法第44条的规定办理审批手续。

4. 农村村民出卖、出租、赠与住宅后不能再申请宅基地

本条第5款规定,农村村民出卖、出租、赠与住宅后,再申请宅基地的,不予批准。这一规定是为了防止农村村民以建住宅为名搞房地产开发。关于出卖住宅,可以在集体经济组织内部进行,但是必须符合一定的条件:一是转让人与受让人必须是同一集体经济组织内部的成员;二是受让

人没有住房和宅基地,且符合宅基地申请分配的条件;三是转让行为需征得本集体经济组织的同意。关于出租、赠与住宅,农村村民出租和赠与住宅的对象并不受集体经济组织成员身份的限制。

5. 关于宅基地自愿有偿退出和盘活利用

本条第6款规定,国家允许进城落户的农村村民依法自愿有偿退出宅基地,鼓励农村集体经济组织及其成员盘活利用闲置宅基地和闲置住宅。本法没有进行详细规定,只作了原则性规定。

(1) 关于宅基地自愿有偿退出。根据本条的规定,宅基地退出必须符合两个条件:一是要自愿,即任何组织和个人不得强迫农民退出宅基地,不得以退出宅基地使用权作为农民进城落户的条件。二是要有偿。根据《民法典》物权编的相关规定,农户依法取得的宅基地使用权属于用益物权,享有占有和使用的权利,农户退出宅基地有权依法取得相应的对价或补偿,具体数额应当通过协商确定,不得强迫农户无偿退出宅基地。(2) 关于盘活利用闲置宅基地和闲置住宅。实践中有关部门和地方可以结合本地实际情况进行积极探索,但不能损害农民合法权益,对闲置宅基地和闲置住宅的利用和利益分配,要与农村集体经济组织以及宅基地使用权人和住宅所有权人进行充分协商,不能违背权利人的意愿强制推进。

6. 关于宅基地的管理部门

本条第7款明确规定,国务院农业农村主管部门负责全国农村宅基地改革和管理有关工作,本法第67条同时赋予了农业农村主管部门在宅基地监督检查方面相应的职责。

关联法规

《民法典》第 362~365 条

《城乡规划法》第 41 条

《土地管理法实施条例》第 33~36 条

《农业农村部关于积极稳妥开展农村闲置宅基地和闲置住宅盘活利用工作的通知》

第六十三条 【农村集体经营性建设用地入市】土地利用总体规划、城乡规划确定为工业、商业等经营性用途,并经依法登记的集体经营性建设用地,土地所有权人可以通过出让、出租等方式交由单位或者个人使用,并应当签订书面合同,载明土地界址、面积、动工期限、使用期限、土地用途、规划条件和双方其他权利义务。

前款规定的集体经营性建设用地出让、出租等,应当经本集体经济组织成员的村民会议三分之二以上成员或者三分之二以上村民代表的同意。

通过出让等方式取得的集体经营性建设用地使用权可以转让、互换、出资、赠与或者抵押,但法律、行政法规另有规定或者土地所有权人、土地使用权人签订的书面合同另有约定的除外。

集体经营性建设用地的出租,集体建设用地使用权的出让及其最高年限、转让、互换、出资、赠与、抵押等,参照同类用途的国有建设用地执行。具体办法由国务院制定。

条文注释

理解本条应注意以下几方面内容：

1.关于集体经营性建设用地入市的主体

集体经营性建设用地入市的主体是土地所有权人。在集体经营性建设用地入市过程中，集体经营性建设用地的所有权人可以直接作为入市的实施主体，也可以委托其他主体作为入市的实施主体。但是否入市、如何入市等决策应当由集体经营性建设用地的所有权人决定。政府及其有关部门，以及其他任何组织和个人不得强制土地所有权人将土地入市或接受土地入市方式。

2.关于集体经营性建设用地入市的条件

（1）土地的性质必须是经营性建设用地。只有土地利用总体规划和城乡规划确定为用于工业、商业等经营性用途的土地，才属于集体经营性建设用地，才能入市，土地利用总体规划和城乡规划确定的其他性质的土地不能入市。

（2）应当经依法登记。入市的集体经营性建设用地应当属于经依法登记的土地，必须权属清晰、没有争议，避免在流转过程中出现产权纠纷，影响当事人权利的实现。登记机构在登记时应当依照法律、行政法规的规定严格查验登记申请材料，防止将农村其他性质的土地登记为集体经营性建设用地。

（3）需经本集体经济组织依法决策。根据本条第2款的规定，集体经营性建设用地入市应当经本集体经济组织成员的村民会议2/3以上成员或者2/3以上村民代表的同意，这一规定与《农村土地承包法》规定的程序是相衔接的。

本集体经济组织成员的村民会议,是指由本集体经济组织成员组成的村民会议,村民会议应由本村18周岁以上的村民组成。

(4)需签订流转合同。集体经营性建设用地入市应当签订书面合同,载明土地界址、面积、动工期限、使用期限、土地用途、规划条件和双方其他权利义务,还可以约定提前收回的条件及补偿方式、使用期限届满是否续期,以及地上建筑物、其他附着物的处理方式,使用权转让、出租、抵押的条件,违约责任等事项。

3.集体经营性建设用地使用权流转

集体经营性建设用地使用权,可以通过出让、出租等方式进入一级市场,也可以通过转让、互换、出资、赠与等方式进入二级市场,集体经营性建设用地使用权的流转,应当参照同类用途的国有建设用地执行,具体办法由国务院制定。

关联法规

《土地管理法实施条例》第37~43条

《国务院办公厅关于完善建设用地使用权转让、出租、抵押二级市场的指导意见》

第六十四条 【集体建设用地使用要求】集体建设用地的使用者应当严格按照土地利用总体规划、城乡规划确定的用途使用土地。

条文注释

本条与第63条的规定相衔接。

本法第4条第4款规定,使用土地的单位和个人必须严格按照土地利用总体规划确定的用途使用土地。根据本

第五章 建设用地

条规定,集体建设用地的使用者,应当严格按照土地利用总体规划、城乡规划确定的用途使用土地,不得随意改变土地用途。一是要符合土地利用总体规划、城乡规划确定的用途。二是要根据出让合同约定的用途使用土地。根据本法第63条的规定,土地使用权出让合同应当对土地用途作出规定,土地使用者应当按照出让合同约定的用途使用土地,违反合同约定或者未经土地所有权人同意随意改变土地用途的,应当依法承担违约责任。但是,合同约定的用途也应当符合土地利用总体规划和城乡规划,在符合土地利用总体规划和城乡规划的前提下,合同可以对土地的具体用途作出规定。

关联法规

《国务院办公厅关于严格执行有关农村集体建设用地法律和政策的通知》

第六十五条 【禁止重建、扩建】在土地利用总体规划制定前已建的不符合土地利用总体规划确定的用途的建筑物、构筑物,不得重建、扩建。

条文注释

实施土地利用总体规划中必须处理好公民的财产权,注意保护公民的利益。土地利用总体规划是为了社会经济的协调发展,为了社会公众的共同利益而制定,但不能因为规划土地的用途改变而要求土地用途立即改变,使公民的利益受到损失。但是,土地所有权人或使用权人对原有建筑物、构筑物进行重建、扩建,属于新的建设活动,这些建设活动应当符合土地利用总体规划确定的土地用途,否则应当属于违法建设,应当承担相应的法律责任。

关联法规

《土地管理法实施条例》第 53 条

第六十六条 【集体建设用地使用权收回】有下列情形之一的,农村集体经济组织报经原批准用地的人民政府批准,可以收回土地使用权:

(一)为乡(镇)村公共设施和公益事业建设,需要使用土地的;

(二)不按照批准的用途使用土地的;

(三)因撤销、迁移等原因而停止使用土地的。

依照前款第(一)项规定收回农民集体所有的土地的,对土地使用权人应当给予适当补偿。

收回集体经营性建设用地使用权,依照双方签订的书面合同办理,法律、行政法规另有规定的除外。

条文注释

根据本条第 1 款的规定,可以收回集体建设用地的情形包括:

1. 为乡(镇)村公共设施和公益事业建设需要使用土地的。乡(镇)村公共设施和公益事业是为了农村村民的共同利益而建设的,是社会公共利益的需要,土地使用者的需要应当服从社会公共利益的需要。但是,在认定乡(镇)村公共设施和公益事业建设时,应当从严掌握,不能打着公共设施和公益事业建设的幌子收回土地使用权。另外,需要注意的是,应当对土地使用权人给予适当补偿。

2. 不按照批准的用途使用土地的。我国对建设用地实行严格的管理制度，擅自改变土地用途属于违法用地。农村集体经济组织作为土地所有权人，面对土地使用权人做出违反法律的强制性规定改变土地用途的行为时，有权收回土地使用权。

3. 因撤销、迁移等原因而停止使用土地的。需要注意的是，如果土地使用权人是通过有偿方式取得土地使用权，即使企业撤销、迁移，土地使用权人也有权依照法律规定和合同约定对土地使用权作出处理，而不能由土地所有权人予以收回。

在实践中，收回土地使用权应当十分慎重，严格控制，区分不同情况，采取不同的措施，不能随意侵害土地使用权人的财产权益。有关政府在批准收回土地使用权时应当严格审核，将维护土地使用权人的合法权益摆在重要位置，营造公平良好的市场环境。

根据本条第3款的规定，收回集体经营性建设用地使用权需要注意以下几点：一是集体经营性建设用地使用权属于物权，不得随意变更、收回。二是建设用地使用权转让是基于民事合同的物权变动行为，适用《民法典》合同编的有关规定，其收回的条件应当是合同的重要内容。但是，双方当事人约定的收回条件不得与法律法规相悖，也不得违反公序良俗，否则该约定无效。三是除发生双方合同约定的土地使用权收回条件外，法律、行政法规规定的条件发生时，土地所有权人也可以依法收回土地使用权。

第六章 监督检查

第六十七条　【监督检查职责】县级以上人民政府自然资源主管部门对违反土地管理法律、法规的行为进行监督检查。

县级以上人民政府农业农村主管部门对违反农村宅基地管理法律、法规的行为进行监督检查的,适用本法关于自然资源主管部门监督检查的规定。

土地管理监督检查人员应当熟悉土地管理法律、法规,忠于职守、秉公执法。

条文注释

根据本条第1款的规定,县级以上人民政府自然资源主管部门对违反土地管理法律、法规的行为进行监督检查。县级以上人民政府自然资源主管部门对违反土地管理法律、法规的行为进行监督检查,是法律赋予的职权。县级以上人民政府自然资源主管部门依法行使职权受法律保护,不受其他行政部门、社会组织和个人的干涉。需要注意的是,县级以上人民政府自然资源主管部门实施本条规定的职权,采取的监督检查措施要合法,即只能采取土地管理法律、法规允许采取的措施。

由于土地违法情况复杂,经常牵涉一些地方政府部门的违法行为,查处难度较大。为保障土地管理法律、法规的有效实施,县级以上人民政府自然资源主管部门在依法行使监督检查职权的同时,一是要注意调动一切社会监督力量,及时发现和检举违反土地管理法律、法规的行为;二是要加强与公安、司法、监察等机关的联系和配合,加大查处和打击违反土地管理法律、法规行为的力度;三是要主动向有关人民政府和人大机关报告监督检查情况,争取得到有关人民政府和人大机关的支持,使土地管理法律、法规落到实处。

根据本条第2款的规定,县级以上人民政府农业农村主管部门是本法规定的对违反农村宅基地管理法律、法规的行为进行监督检查的主体;监督检查的内容是对违反农村宅基地管理法律、法规的行为进行监督检查。乡镇人民政府、基层农经站无权对违反农村宅基地管理法律、法规的行为行使监督检查权,发现有违反农村宅基地管理法律、法规的行为时,应当及时向县级人民政府农业农村主管部门报告,由县级以上人民政府农业农村主管部门核实并查处。

根据本条第3款的规定,土地管理监督检查人员应当熟悉土地管理法律、法规,忠于职守、秉公执法。这里所说的土地管理监督检查人员,是县级以上人民政府自然资源主管部门依法任命的从事土地管理法律、法规执法监督检查任务的行政执法人员,代表国家对违反土地管理法律、法规的行为进行监督检查,责任重大。

关联法规

《土地管理法实施条例》第44条、第47条、第48条

《自然资源执法监督规定》

《自然资源行政处罚办法》

第六十八条 【监督检查措施】县级以上人民政府自然资源主管部门履行监督检查职责时,有权采取下列措施:

(一)要求被检查的单位或者个人提供有关土地权利的文件和资料,进行查阅或者予以复制;

(二)要求被检查的单位或者个人就有关土地权利的问题作出说明;

(三)进入被检查单位或者个人非法占用的土地现场进行勘测;

(四)责令非法占用土地的单位或者个人停止违反土地管理法律、法规的行为。

条文注释

根据本条规定,县级以上人民政府自然资源主管部门履行监督检查职责时,有权采取下列措施:

1. 要求被检查的单位或者个人提供有关土地权利的文件和资料,进行查阅或者予以复制。县级以上人民政府自然资源主管部门依法调查、查阅、复制文件和资料时,被检查的单位或者个人必须如实提供,不得拒绝、转移、销毁有关文件和资料,不得提供虚假的文件和资料。这里的"有关土地权利的文件和资料",是指与被检查单位或者个人有关的土地权利的文件和资料,包括土地所有权或者使用权证明,土地用途转用批准文件,土地征收批准文件,以及其他与土地权利有关的文件和资料。

2. 要求被检查的单位或者个人就有关土地权利的问题

作出说明。县级以上人民政府自然资源主管部门行使该询问权时,被检查单位或者个人必须如实说明情况,不得拒绝或者作出与事实不符的虚假陈述。询问时,土地监督检查人员一般不得少于2人;询问证人应当个别进行,并告知被询问对象作虚假陈述应承担的法律后果。询问应当制作笔录,并经被询问人核对无误。

3. 进入被检查单位或者个人非法占用的土地现场进行勘测。县级以上人民政府自然资源主管部门行使勘测权时,被检查的单位或者个人应当配合并提供便利条件,不得拒绝或者阻挠。县级以上人民政府自然资源主管部门行使勘测权时,应当按照法定程序进行。必要时,可以指派或者聘请有勘测专门知识的技术人员,在县级以上人民政府自然资源主管部门主持下进行勘测。

4. 责令非法占用土地的单位或者个人停止违反土地管理法律、法规的行为。这里的"非法占用土地",主要是指违反土地管理法律、法规的规定,未经合法批准占用土地的行为。非法占用土地严重破坏国家土地管理秩序,侵犯土地所有权人、使用权人及承包经营权人的合法权益,必须严厉查处。

应当注意的是,被检查的单位或者个人必须支持与配合自然资源主管部门和土地管理监督检查人员的工作,为其提供工作方便,不得拒绝与阻碍。本条规定的四项措施,被检查的单位或者个人必须遵守。县级以上人民政府自然资源主管部门及其土地管理监督检查人员,可以采用本条规定的其中一项监督检查措施,也可以采用多项。但是,县级以上人民政府自然资源主管部门及其土地管理监督检查人员,行使本条规定的监督检查权时,必须符合法律规定,不得随意扩大适用范围,不得超越法律赋予的权限采用法律未允许采用的其他措施。

关联法规

《土地管理法实施条例》第45条

《自然资源执法监督规定》第14条

《自然资源行政处罚办法》第19条

《重大土地问题实地核查办法》

《自然资源违法行为立案查处工作规程(试行)》

第六十九条 【出示检查证件】土地管理监督检查人员履行职责,需要进入现场进行勘测、要求有关单位或者个人提供文件、资料和作出说明的,应当出示土地管理监督检查证件。

条文注释

土地管理监督检查人员,是法律赋予执法检查权力的人员,因此,出示执法的身份证件,证明自己的身份是土地管理检查人员依法履行监督检查职责的前提条件。根据本条规定,履行土地管理监督检查职责的人员出示监督检查证件的情况有以下三种:一是需要进入现场进行勘测的;二是要求有关单位或者个人提供文件、资料的;三是要求被检查的单位和个人对有关文件和资料作出说明的。如果执法人员不出示证件,被检查的单位或个人有权拒绝。

关联法规

《自然资源行政处罚办法》第17条

《重大土地问题实地核查办法》第12条

第七十条 【单位和个人配合监督检查义务】有关单位和个人对县级以上人民政府自然资源主管部门就土地违法行为进行的监督检查应当支持与配合,并提供工作方便,不得拒绝与阻碍土地管理监督检查人员依法执行职务。

条文注释

根据本条规定,有关单位和个人对土地监督检查行为应当支持与配合。县级以上人民政府自然资源主管部门依法行使监督检查权,查处违反土地管理法律、法规的行为,维护的是国家土地管理秩序,保护的是土地所有权人和使用权人的合法权益。国家法律保障土地管理监督检查人员依法执行职务,有关单位和个人应当支持与配合,并提供工作方便,不得拒绝与阻碍。

本条的"支持"既可以是政策上的支持、道义上的支持、舆论上的支持,也可以是人力、物力、财力上的支持。本条的"配合",主要是指工作上的配合和执行上的配合,如检举、控告、提供查处线索、联合办案、协助执行等。本条的"提供工作方便",主要是指被检查的单位或者个人应当为土地管理监督检查人员依法执行职务,如查阅或者复制有关的文件和资料、询问当事人等提供便利条件。有关单位和个人可以根据自身的条件和能力,对县级以上人民政府自然资源主管部门就土地违法行为进行监督检查给予支持和配合,并提供工作方便。

土地监督检查人员依法履行监督检查职责,需要查阅或者复制有关文件或资料时,被检查的单位或者个人必须提供；需要了解土地占用情况时，被检查的单位或者个人必须就有关情况作出说明；需要进行现场勘测时，被检查的单位或者个人必须为土地管理监督检查人员进入非法占用的土地现场进行勘测提供工作方便；当自然资源主管部门责令停止违反土地管理法律、法规的行为时，被检查单位或者个人必须服从自然资源主管部门的决定，停止违反土地管理法律、法规的行为。对于土地管理监督检查人员的以上要求，被检查的单位或者个人不得以任何借口予以拒绝或者阻碍。拒绝或者阻碍土地管理监督检查人员依法执行职务，构成犯罪的，依法追究刑事责任；尚不构成犯罪的，由公安机关依法给予处罚。

关联法规

《治安管理处罚法》

《刑法》第 277 条

《土地管理法实施条例》第 45 条、第 61 条

第七十一条 【国家工作人员违法行为处理】县级以上人民政府自然资源主管部门在监督检查工作中发现国家工作人员的违法行为，依法应当给予处分的，应当依法予以处理；自己无权处理的，应当依法移送监察机关或者有关机关处理。

条文注释

依据《刑法》第 93 条的规定，国家工作人员，是指国家机关中从事公务的人员。国有公司、企业、事业单位、人民团体中从事公务的人员和国家机关、国有公司、企业、事业单位委派到非国有公司、企业、事业单位、社会团体从事公

务的人员,以及其他依照法律从事公务的人员,以国家工作人员论。法律规定的国家工作人员的范围,任何单位和个人都不得随意扩大或者随意缩小。

处分,是国家机关根据法律或者法规,对因违纪违法应当承担纪律责任的公职人员给予的一种制裁。根据《公务员法》第62条及《监察法》第45条的规定,处分分为:警告、记过、记大过、降级、撤职、开除。

根据本条规定,县级以上人民政府自然资源主管部门在监督检查工作中发现国家工作人员的违法行为,依法应当给予处分的,应根据有关法律法规的规定,分情况作出处理:违法的工作人员为本单位的工作人员的,可依照《公务员法》和《行政机关公务员处分条例》等的有关规定作出处分;违法的工作人员为其他单位的工作人员的,应依照《监察法》等法律法规的规定,移送监察机关或者其他有关机关处理。

关联法规

《公务员法》第9章、第17章

《监察法》

《公职人员政务处分法》

《行政机关公务员处分条例》

《刑法》第382条、第385条、第388条、第397条、第410条

第七十二条 【土地违法行为责任追究】县级以上人民政府自然资源主管部门在监督检查工作中发现土地违法行为构成犯罪的,应当将案件移送有关机关,依

> 法追究刑事责任;尚不构成犯罪的,应当依法给予行政处罚。

条文注释

刑事处罚,是指司法机关对违反国家刑事法律的犯罪行为人,依法给予的刑事制裁,刑事处罚的主要依据是《刑法》。行政处罚,是指行政主体依照法定职权和程序对违反行政法规尚未构成犯罪的行政相对人给予行政制裁的具体行政行为。主要的行政处罚有:(1)罚款;(2)没收违法所得;(3)没收在非法转让或者占用的土地上新建的建筑物和其他设施;(4)责令限期改正或者治理;(5)责令缴纳复垦费;(6)责令退还或者交还非法占用的土地;(7)责令限期拆除在非法占用的土地上新建的建筑物和其他设施等。

根据本条规定,县级以上人民政府自然资源主管部门在监督检查工作中发现土地违法行为构成犯罪的,应当移送司法机关,依法追究刑事责任。根据本法第74条、第75条、第77条、第79条、第80条、第84条的规定,构成犯罪的,应当将案件移送司法机关,依法追究刑事责任的行为主要包括:(1)买卖或者以其他形式非法转让土地的;(2)非法占用耕地建窑、建坟或者擅自在耕地上建房、挖砂、采石、采矿、取土等,破坏种植条件的;(3)因开发土地造成土地荒漠化、盐渍化的;(4)未经批准或者采取欺骗手段骗取批准,非法占用土地的;(5)超过批准的数量占用土地的;(6)无权批准征收、使用土地的单位或者个人非法批准占用土地的;(7)超越批准权限非法批准占用土地的;(8)不按照土地利用总体规划确定的用途批准用地的;(9)违反法律规定的程序批准占用、征收土地的;(10)侵占、挪用被征收土地单位的征地补偿费用和其他有关费用的;(11)自然资源主管部门的工作人员玩忽职守、滥用职权、徇私舞弊的,等等。

根据《行政处罚法》第8条第2款的规定,违法行为构成犯罪的,行政机关必须将案件移送司法机关,依法追究刑事责任,不得以行政处罚代替刑事处罚。县级以上人民政府自然资源主管部门就土地违法行为进行监督检查时,发现违法行为构成犯罪的,应当依法将该案件移送司法机关处理,不得以罚代刑。对依法应当移送司法机关追究刑事责任而不移送,情节严重,构成犯罪的,也要依法追究刑事责任。

关联法规

《刑法》第228条、第270~272条、第342条

《行政处罚法》

《最高人民法院关于审理破坏土地资源刑事案件具体应用法律若干问题的解释》

《违反土地管理规定行为处分办法》

第七十三条 【自然资源主管部门不履行法定职责处理】依照本法规定应当给予行政处罚,而有关自然资源主管部门不给予行政处罚的,上级人民政府自然资源主管部门有权责令有关自然资源主管部门作出行政处罚决定或者直接给予行政处罚,并给予有关自然资源主管部门的负责人处分。

条文注释

有关自然资源主管部门不履行法定职责,是指依照土地管理法律、法规的规定,应当给予行政处罚,而有关自然资源主管部门不给予行政处罚的事实。这里讲的依法应当给予行政处罚,而有关自然资源主管部门不给予行政处罚,是指在违法事实清楚、案件管辖明确的前提下,有处罚权的自然资源主管部门对依法应当给予行政处罚的行为,不给予行政处罚的做法。对有关自然资源主管部门的这种渎职枉法行为,必须依法追究。

本条对有关自然资源主管部门不履行法定职责的行为,规定了以下三项处置办法:

1.对依法应当给予行政处罚,而有关自然资源主管部门不给予行政处罚的土地违法事项,由上级人民政府自然资源主管部门责令有关自然资源主管部门作出行政处罚决定。有关自然资源主管部门应当依法作出行政处罚决定。

2.上级人民政府自然资源主管部门对依法应当给予行政处罚,而有关自然资源主管部门不给予行政处罚的土地违法行为,认为有必要自行处理的,可以直接给予行政处罚,及时制止违法行为继续发生。

3.对依法应当给予行政处罚,而有关自然资源主管部门不给予行政处罚的,上级人民政府自然资源主管部门,对该自然资源主管部门的负责人,依其应负的责任,给予处分,处分分为警告、记过、记大过、降级、撤职、开除。

关联法规

《土地管理法实施条例》第49条

第七章 法律责任

第七十四条 【非法转让土地的法律责任】买卖或者以其他形式非法转让土地的,由县级以上人民政府自然资源主管部门没收违法所得;对违反土地利用总体规划擅自将农用地改为建设用地的,限期拆除在非法转让的土地上新建的建筑物和其他设施,恢复土地原状,对符合土地利用总体规划的,没收在非法转让的土地上新建的建筑物和其他设施;可以并处罚款;对直接负责的主管人员和其他直接责任人员,依法给予处分;构成犯罪的,依法追究刑事责任。

【条文注释】

本条规定的买卖或者以其他形式非法转让土地的违法行为,依据非法转让的土地权利内容的不同,概括起来,主要表现为以下三种情况:

1. 买卖、非法转让国有土地、农民集体所有土地所有权的行为。根据《宪法》和本法第2条的规定,国家实行土地的社会主义公有制,即全民所有制和劳动群众集体所有制;除土地使用权可以依法转让以外,任何单位和个人不得侵占、买卖或者以其他形式非法转让土地。

2. 非法转让国有土地使用权的行为。根据《城市房地产管理法》的规定,转让土地使用权,是指土地使用者将土地使用权再转移的行为,包括出售、交换和赠与等。

3. 非法转让农民集体所有土地使用权的行为,主要指违反本法第 63 条的规定,转让农民集体所有土地的使用权用于非农业建设的行为。

对本条规定的违法行为的处罚措施,主要有以下几种:

1. 对违法行为人处以没收其违法所得的处罚。这里的违法所得,是指买卖或者非法转让土地所获得的全部价款。但不包括土地本身,即不包含没收土地。根据本条规定,没收违法所得的处罚决定,由县级以上人民政府自然资源主管部门作出。

2. 对违反土地利用总体规划擅自将农用地改为建设用地的,限期拆除在非法转让的土地上新建的建筑物和其他设施,恢复土地原状。对符合土地利用总体规划的,没收在非法转让的土地上新建的建筑物和其他设施。

3. 罚款。根据本条的规定,自然资源主管部门在对非法转让土地的双方当事人分别作出前述处罚决定的同时,可以作出并处罚款的决定。是否并处罚款,由自然资源主管部门根据具体案件的情节决定。

4. 处分。在依据本条规定对违法单位作出有关行政处罚的同时,还应当对该单位直接负责的主管人员和其他直接责任人员依法给予处分。

5. 刑事处罚。本条规定,买卖或者以其他形式非法转让土地,构成犯罪的,依法追究刑事责任。根据《刑法》第 228 条的规定,以牟利为目的,违反土地管理法规,非法转让、倒卖土地使用权,情节严重的,构成犯罪。

关联法规

《刑法》第 228 条

《土地管理法实施条例》第54条、第58条
《最高人民检察院、公安部关于公安机关管辖的刑事案件立案追诉标准的规定(二)》第72条
《最高人民法院关于审理破坏土地资源刑事案件具体应用法律若干问题的解释》第1条、第2条
《违反土地管理规定行为处分办法》第11条

> **第七十五条 【违法破坏耕地的法律责任】**违反本法规定,占用耕地建窑、建坟或者擅自在耕地上建房、挖砂、采石、采矿、取土等,破坏种植条件的,或者因开发土地造成土地荒漠化、盐渍化的,由县级以上人民政府自然资源主管部门、农业农村主管部门等按照职责责令限期改正或者治理,可以并处罚款;构成犯罪的,依法追究刑事责任。

<u>条文注释</u>

根据本条规定,破坏种植条件的行为主要分两种情况:一是违法占用耕地的行为,主要包括违法占用耕地建窑、建坟或者建房等;二是违法破坏耕地的行为,主要包括擅自在耕地上挖砂、采石、采矿、取土等。这两种行为的直接后果就是使耕地失去了种植农作物的功能。本法第37条第2款明确规定,禁止占用耕地建窑、建坟或者擅自在耕地上建房、挖砂、采石、采矿、取土等。需要注意的是,如果符合有关法律规定的条件,经过法定程序实施上述行为,虽然客观上导致了占用耕地或者破坏耕地的后果,但并不构成违法行为。例如,《防洪法》第45条规定,"在紧急防汛期,防汛指挥机构根据防汛抗洪的需要,有权在其管辖范围内调用

物资、设备、交通运输工具和人力,决定采取取土占地、砍伐林木、清除阻水障碍物和其他必要的紧急措施;必要时,公安、交通等有关部门按照防汛指挥机构的决定,依法实施陆地和水面交通管制……取土占地、砍伐林木的,在汛期结束后依法向有关部门补办手续;有关地方人民政府对取土后的土地组织复垦,对砍伐的林木组织补种"。

关联法规

《刑法》第342条

《土地管理法实施条例》第55条

第七十六条 【不履行土地复垦义务的法律责任】
违反本法规定,拒不履行土地复垦义务的,由县级以上人民政府自然资源主管部门责令限期改正;逾期不改正的,责令缴纳复垦费,专项用于土地复垦,可以处以罚款。

条文注释

土地复垦义务,是指用地单位或者个人,因生产建设活动造成土地破坏的,应当按照"谁损毁,谁复垦"的原则,对破坏的土地采取整治措施,或者缴纳土地复垦费由有关部门代为组织复垦,使土地达到可供利用的状态。

本法第43条规定,因挖损、塌陷、压占等造成土地破坏,用地单位和个人应当按照国家有关规定负责复垦;没有条件复垦或者复垦不符合要求的,应当缴纳土地复垦费,专项用于土地复垦。复垦的土地应当优先用于农业。根据上述规定,负有土地复垦义务的人,是指造成土地破坏的用地单位或者个人。任何单位或者个人依法取得土地使用权,从事生产经营活动,其合法权益受法律保护,同时也应承担保护土地的义务。土地复垦义务人不履行复垦义务的违法行为主要有两种:一是有条件复垦而拒绝复垦的;二是没有条件复垦或者复垦不符合要求,又拒绝缴纳土地复垦费或者不及时足额缴纳土地复垦费的。

根据本条规定,不履行土地复垦义务的法律责任有以下几个方面:

1. 责令限期改正。拒不履行土地复垦义务的,由县级以上人民政府自然资源主管部门责令限期改正。土地复垦义务人必须依照主管部门规定的期限,按照《土地复垦条例》的要求,制定土地复垦方案、建立土地复垦质量控制制度,开展土地复垦工作,同时应当遵守有关土地复垦的国家标准和行业标准。

2. 责令缴纳复垦费。对拒不履行土地复垦义务,被责令限期改正后,逾期不改正的,由县级以上人民政府自然资源主管部门责令缴纳复垦费。土地复垦义务人缴纳的土地复垦费专项用于土地复垦。任何单位和个人不得截留、挤占、挪用。确定土地复垦费的数额,应当综合考虑损毁前的土地类型、实际损毁面积、损毁程度、复垦标准、复垦用途和完成复垦任务所需的工程量等因素。

3. 罚款。对拒不履行土地复垦义务,被责令限期改正后逾期不改正的,县级以上人民政府自然资源主管部门在责令其缴纳土地复垦费的同时,可以处以罚款。《土地管理法实施条例》第56条依照本条的规定对处以罚款的数额进行了细化规定,即"罚款额为土地复垦费的2倍以上5倍以下"。本条规定"可以"处以罚款,即是授予了执法部门对该行政处罚的自由裁量权。如果违法行为人及时、积极地采取了补救措施,且复垦效果良好的,执法部门可以少处或不处罚款。

关联法规

《土地复垦条例》

《土地管理法实施条例》第56条

第七十七条 【非法占用土地的法律责任】未经批准或者采取欺骗手段骗取批准,非法占用土地的,由县级以上人民政府自然资源主管部门责令退还非法占用的土地,对违反土地利用总体规划擅自将农用地改为建设用地的,限期拆除在非法占用的土地上新建的建筑物和其他设施,恢复土地原状,对符合土地利用总体规划的,没收在非法占用的土地上新建的建筑物和其他设施,可以并处罚款;对非法占用土地单位的直接负责的主管人员和其他直接责任人员,依法给予处分;构成犯罪的,依法追究刑事责任。

超过批准的数量占用土地,多占的土地以非法占用土地论处。

条文注释

未经批准或者采取欺骗手段骗取批准占用土地的主要包括以下情形:(1)建设单位或者个人未经用地审批或者采取欺骗手段骗取批准而占用土地的;(2)举办乡镇企业未经批准使用农民集体所有的土地的;(3)乡(镇)、村公共设施和公益事业建设未经批准或者采取欺骗手段骗取批准,占用农民集体所有的土地进行建设的;(4)建设项目施工和地质勘查未经批准或者采取欺骗手段骗取批准,临时使用国有土地或者农民集体所有的土地的;(5)城镇非农业户口的居民未经批准或者采取欺骗手段骗取批准,占用土地建住宅的;涉及农用地改为建设用地,未取得农用地转用审批或者采取欺骗手段骗取农用地转用审批的,等等。

根据本法第78条第2款的规定,超过批准的标准占用土地的,多占的土地以非法占用土地论处。因此,建设单位或者个人有上述超占行为的,也构成违法。

关联法规

《刑法》第342条

《土地管理法实施条例》第57条、第58条

《最高人民检察院、公安部关于公安机关管辖的刑事案件立案追诉标准的规定(一)》第67条

《最高人民法院关于审理破坏土地资源刑事案件具体应用法律若干问题的解释》第3条

第七十八条 【非法建住宅的法律责任】农村村民未经批准或者采取欺骗手段骗取批准,非法占用土地建住宅的,由县级以上人民政府农业农村主管部门责令退还非法占用的土地,限期拆除在非法占用的土地上新建的房屋。

超过省、自治区、直辖市规定的标准,多占的土地以非法占用土地论处。

条文注释

本条规定的违法行为,主要是违反本法第62条规定的

行为,包括:(1)农村村民建房的住宅用地未经乡(镇)人民政府批准;(2)农村村民占地建住宅,对涉及占用农用地的,未办理或者采取欺骗手段办理农用地转用审批手续,等等。

此外,根据本条第2款的规定,对超过省、自治区、直辖市规定的标准,多占土地建房的,以非法占用土地论处。因此,农村村民超标准多占土地建住宅的,也属违法行为。

县级以上人民政府自然资源主管部门,对本条规定的违法行为的处罚,包括:(1)责令退还非法占用的土地,包括退还超占的土地;(2)限期拆除在非法占用的土地上新建的房屋。

第七十九条 【非法批地的法律责任】 无权批准征收、使用土地的单位或者个人非法批准占用土地的,超越批准权限非法批准占用土地的,不按照土地利用总体规划确定的用途批准用地的,或者违反法律规定的程序批准占用、征收土地的,其批准文件无效,对非法批准征收、使用土地的直接负责的主管人员和其他直接责任人员,依法给予处分;构成犯罪的,依法追究刑事责任。非法批准、使用的土地应当收回,有关当事人拒不归还的,以非法占用土地论处。

非法批准征收、使用土地,对当事人造成损失的,依法应当承担赔偿责任。

条文注释

根据本条规定,非法批地行为包括以下四种情况:(1)无批准权而非法批准占用土地的行为。(2)超越批准权限非法批地的行为。(3)依照本法规定,具有有关土地批准权的各级人民政府不按照土地利用总体规划确定的土地用途批准用地的行为。(4)违反法律规定的程序批准占用、征用土地的行为。

根据本条第1款的规定,非法批地的处罚包括给予处分和追究刑事责任两种:(1)处分。对非法批准征收、使用土地的直接负责的主管人员和其他直接责任人员,由其所在单位或者其上级主管部门,或者监察部门依法给予处分。(2)对构成犯罪的,应当依法追究刑事责任。

本条第2款规定,非法批准征收、使用土地,对当事人造成损失的,依法应当承担赔偿责任。这里的赔偿,就是行政赔偿。行政赔偿,是国家赔偿的一种,是指国家行政机关或者其工作人员违法行使行政职权,侵犯公民、法人或者其他组织的合法权益(包括人身权利和财产权利)并造成损害的,由国家给予赔偿的法律制度。国家依法向当事人赔偿后,应当向有故意或者重大过失的工作人员追偿,即责令其承担部分或者全部赔偿费用。

关联法规

《刑法》第410条

《最高人民法院关于审理破坏土地资源刑事案件具体应用法律若干问题的解释》第4~7条

第八十条 【侵占、挪用征地补偿费的法律责任】 侵占、挪用被征收土地单位的征地补偿费用和其他有关费用,构成犯罪的,依法追究刑事责任;尚不构成犯罪的,依法给予处分。

条文注释

本法第49条第2款明确规定，禁止侵占、挪用被征收土地单位的征地补偿费用和其他有关费用。本条对违反这一禁止行为的法律责任作出了规定。侵占，是指侵吞、盗窃、骗取或者以其他非法手段将公共财物占为己有的行为。挪用，是指将公共财物挪作他用的行为。本条规定的侵占、挪用的对象为被征收土地单位的征地补偿费用和其他有关费用。征地补偿费用，包括征收农用地的土地补偿费、安置补助费以及征收农用地以外的其他土地、地上附着物和青苗等的补偿费。其他有关费用，是指与征收集体土地有关的其他费用，如征收农村村民住宅、对征收造成的人员搬迁、临时安置等给予的补偿费用。

根据《刑法》的有关规定，侵占、挪用被征收土地单位的征地补偿费用和其他有关费用的行为，可能构成贪污罪、挪用公款罪、侵占罪及挪用公司、企业或者其他单位资金罪。如果上述违法行为情节显著轻微，危害不大，则不构成犯罪，应当依照有关法律、法规的规定，给予处分。

关联法规

《刑法》第270～272条

《违反土地管理规定行为处分办法》第12条

第八十一条 【拒不交还土地、不按照批准用途使用土地的法律责任】 依法收回国有土地使用权当事人拒不交出土地的，临时使用土地期满拒不归还的，或者不按照批准的用途使用国有土地的，由县级以上人民政府自然资源主管部门责令交还土地，处以罚款。

条文注释

当事人拒不交出、拒不归还土地,不按照批准用途使用国有土地的行为主要有以下几种情形:

1. 依法收回国有土地使用权当事人拒不交出土地。需要指出的是,收回土地使用权对土地使用权人及其他利害关系人影响重大,应当谨慎适用。一是政府应当按照信赖保护原则,不得随意违背土地出让合同的约定,只有在有明确法律依据,并且确有必要的情况下才能收回土地使用权。二是在收回土地使用权之前,政府及其有关部门应当依法履行法律规定的义务,不能违法损害当事人的合法权益。例如,根据本法第58条的规定,为实施城市规划进行旧城区改建以及其他公共利益需要确需使用土地而收回国有土地使用权的,对土地使用权人应当给予适当补偿。

2. 临时使用土地期满拒不归还。

3. 不按照批准的用途使用国有土地。

根据本条规定,当事人拒不交出、拒不归还土地,不按照批准用途使用国有土地的,由县级以上人民政府自然资源主管部门责令交还土地,处以罚款。

关联法规

《土地管理法实施条例》第59条

第八十二条 【擅自转移土地使用权或集体经营性建设用地的法律责任】 擅自将农民集体所有的土地通过出让、转让使用权或者出租等方式用于非农业建设,或者违反本法规定,将集体经营性建设用地通过出让、出租等方式交由单位或者个人使用的,由县级以上人民政府自然资源主管部门责令限期改正,没收违法所得,并处罚款。

条文注释

擅自将农民集体所有的土地的使用权出让、转让或者出租用于非农业建设,是指没有法律依据或者未经法律规定的程序,出让、转让或者出租集体土地使用权用于非农业建设的行为。出让,是指集体土地的所有权人或者本法规定的经营管理人将集体土地的使用权让与土地使用者,由土地使用者支付集体土地使用权出让金的行为。转让,是指取得集体土地使用权的土地使用者通过交易方式将集体土地使用权转移给他人的行为。出租,是指集体土地的所有权人或者本法规定的经营管理人及依法取得集体土地使用权的使用权人将集体土地交由承租人使用,由承租人支付租金的行为。

根据本条规定,上述违法行为的法律责任包括:(1)限期改正。对于上述违法行为,应当由县级以上人民政府自然资源主管部门责令限期改正,停止违法行为并将土地恢复到合法状态,给其他主体造成损失的,应由有过错的一方依法承担民事责任。(2)没收违法所得和罚款。根据本条的规定,没收违法所得和罚款的处罚必须同时适用。根据《土地管理法实施条例》第60条的规定,罚款额为违法所得的10%以上30%以下。

关联法规

《土地管理法实施条例》第60条

第八十三条 【责令限期拆除执行】依照本法规定,责令限期拆除在非法占用的土地上新建的建筑物和其他设施的,建设单位或者个人必须立即停止施工,自行拆除;对继续施工的,作出处罚决定的机关有权制止。建设单位或者个人对责令限期拆除的行政处罚决定不服的,可以在接到责令限期拆除决定之日起十五日内,向人民法院起诉;期满不起诉又不自行拆除的,由作出处罚决定的机关依法申请人民法院强制执行,费用由违法者承担。

条文注释

根据本法规定,关于责令限期拆除的适用情形主要有以下几个方面:

(1)本法第74条中规定,买卖或者以其他形式非法转让土地的,由县级以上人民政府自然资源主管部门没收违法所得;对违反土地利用总体规划擅自将农用地改为建设用地的,限期拆除在非法转让的土地上新建的建筑物和其他设施,恢复土地原状。

(2)本法第77条第1款中规定,未经批准或者采取欺骗手段骗取批准,非法占用土地的,由县级以上人民政府自然资源主管部门责令退还非法占用的土地,对违反土地利用总体规划擅自将农用地改为建设用地的,限期拆除在非法占用的土地上新建的建筑物和其他设施,恢复土地原状。

(3)本法第78条第1款规定,农村村民未经批准或者采取欺骗手段骗取批准,非法占用土地建住宅的,由县级以上人民政府农业农村主管部门责令退还非法占用的土地,限期拆除在非法占用的土地上新建的房屋。

关联法规

《行政诉讼法》第 97 条

第八十四条 【主管部门工作人员违法行为的法律责任】自然资源主管部门、农业农村主管部门的工作人员玩忽职守、滥用职权、徇私舞弊，构成犯罪的，依法追究刑事责任；尚不构成犯罪的，依法给予处分。

条文注释

本条将自然资源主管部门、农业农村主管部门工作人员的违法行为概括为三种，即玩忽职守、滥用职权、徇私舞弊。玩忽职守，是指自然资源主管部门、农业农村主管部门的工作人员不履行、不正确履行或者放弃履行职责的行为。滥用职权，是指自然资源主管部门、农业农村主管部门的工作人员违反法律规定的权限和程序，滥用职权或者超越职权的行为。徇私舞弊，是指自然资源主管部门、农业农村主管部门的工作人员为徇个人私利或者亲友私情而玩忽职守、滥用职权的行为。对于自然资源主管部门、农业农村主管部门工作人员的上述违法行为，任何单位和个人都有权检举和控告，有关部门应当严肃查处，并依法追究其法律责任。

根据《刑法》第 397 条的规定，国家机关工作人员滥用职权或者玩忽职守，致使公共财产、国家和人民利益遭受重大损失的，处 3 年以下有期徒刑或者拘役；情节特别严重的，处 3 年以上 7 年以下有期徒刑。国家机关工作人员徇私舞弊，犯前款罪的，处 5 年以下有期徒刑或者拘役；情节特别严重的,处5年以上10年以下有期徒刑。根据《刑法》第410条的规定,国家机关工作人员徇私舞弊,违反土地管理法规,滥用职权,非法批准征收、征用、占用土地,或者非法低价出让国有土地使用权,情节严重的,处3年以下有期徒刑或者拘役;致使国家或者集体利益遭受特别重大损失的,处3年以上7年以下有期徒刑。

自然资源主管部门、农业农村主管部门工作人员虽有玩忽职守、滥用职权、徇私舞弊的行为,但情节显著轻微,危害性不大,按照《刑法》的有关规定,不构成犯罪的,应当依照有关法律、法规的规定,给予处分。

第八章 附　　则

第八十五条 【外商投资企业使用土地的法律适用】 外商投资企业使用土地的,适用本法;法律另有规定的,从其规定。

条文注释

根据《外商投资法》的规定,对外商投资实行准入前国民待遇加负面清单管理制度,对负面清单之外的外商投资,给予国民待遇,明确按照内外资一致的原则对外商投资实施监督管理。本条规定,外商投资企业使用土地的,适用本法,即外商投资企业在准入后享受国民待遇,在土地管理制度中与内资企业适用相同的法律制度,本法规定的土地管理制度平等适用于外商投资企业。但是,本条还规定,法律另有规定的,从其规定。

> 关联法规
> 《外商投资法》

第八十六条 【土地利用总体规划和城乡规划在过渡期间的适用问题】 在根据本法第十八条的规定编制国土空间规划前,经依法批准的土地利用总体规划和城乡规划继续执行。

第八十七条 【施行日期】 本法自 1999 年 1 月 1 日起施行。

附录一 相关法规

中华人民共和国
土地管理法实施条例

(1998年12月27日国务院令第256号发布 根据2011年1月8日国务院令第588号《关于废止和修改部分行政法规的决定》第一次修订 根据2014年7月29日国务院令第653号《关于修改部分行政法规的决定》第二次修订 2021年7月2日国务院令第743号第三次修订)

第一章 总 则

第一条 根据《中华人民共和国土地管理法》(以下简称《土地管理法》),制定本条例。

第二章 国土空间规划

第二条 国家建立国土空间规划体系。

土地开发、保护、建设活动应当坚持规划先行。经依法批准的国土空间规划是各类开发、保护、建设活动的基本依据。

已经编制国土空间规划的,不再编制土地利用总体规划和城乡规划。在编制国土空间规划前,经依法批准的土地利用总体规划和城乡规划继续执行。

第三条 国土空间规划应当细化落实国家发展规划提出的国土空间开发保护要求,统筹布局农业、生态、城镇等功能空间,划定落实永久基本农田、生态保护红线和城镇开发边界。

国土空间规划应当包括国土空间开发保护格局和规划用地布局、结构、用途管制要求等内容,明确耕地保有量、建设用地规模、禁止开垦的范围等要求,统筹基础设施和公共设施用地布局,综合利用地上地下空间,合理确定并严格控制新增建设用地规模,提高土地节约集约利用水平,保障土地的可持续利用。

第四条 土地调查应当包括下列内容:

(一)土地权属以及变化情况;

(二)土地利用现状以及变化情况;

(三)土地条件。

全国土地调查成果,报国务院批准后向社会公布。地方土地调查成果,经本级人民政府审核,报上一级人民政府批准后向社会公布。全国土地调查成果公布后,县级以上地方人民政府方可自上而下逐级依次公布本行政区域的土地调查成果。

土地调查成果是编制国土空间规划以及自然资源管理、保护和利用的重要依据。

土地调查技术规程由国务院自然资源主管部门会同有关部门制定。

第五条 国务院自然资源主管部门会同有关部门制定土地等级评定标准。

县级以上人民政府自然资源主管部门应当会同有关部门根据土地等级评定标准,对土地等级进行评定。地方土地等级评定结果经本级人民政府审核,报上一级人民政府自然资源主管部门批准后向社会公布。

根据国民经济和社会发展状况,土地等级每五年重新评定一次。

第六条 县级以上人民政府自然资源主管部门应当加强信息化建设,建立统一的国土空间基础信息平台,实行土地管理全流程信息化管理,对土地利用状况进行动态监测,与发展改革、住房和城乡建设等有关部门建立土地管理信息共享机制,依法公开土地管理信息。

第七条 县级以上人民政府自然资源主管部门应当加强地籍管理,建立健全地籍数据库。

第三章 耕 地 保 护

第八条 国家实行占用耕地补偿制度。在国土空间规划确定的城市和村庄、集镇建设用地范围内经依法批准占用耕地,以及在国土空间规划确定的城市和村庄、集镇建设用地范围外的能源、交通、水利、矿山、军事设施等建设项目经依法批准占用耕地的,分别由县级人民政府、农村集体经济组织和建设单位负责开垦与所占用耕地的数量和质量相当的耕地;没有条件开垦或者开垦的耕地不符合要求的,应当按照省、自治区、直辖市的规定缴纳耕地开垦费,专款用于开垦新的耕地。

省、自治区、直辖市人民政府应当组织自然资源主管部门、农业农村主管部门对开垦的耕地进行验收,确保开垦的耕地落实到地块。划入永久基本农田的还应当纳入国家永久基本农田数据库严格管理。占用耕地补充情况应当按照国家有关规定向社会公布。

个别省、直辖市需要易地开垦耕地的,依照《土地管理法》第三十二条的规定执行。

第九条 禁止任何单位和个人在国土空间规划确定的禁止开垦的范围内从事土地开发活动。

按照国土空间规划,开发未确定土地使用权的国有荒山、荒地、荒滩从事种植业、林业、畜牧业、渔业生产的,应当向土地所在地的县级以上地方人民政府自然资源主管部门提出申请,按照省、自治区、直辖市规定的权限,由县级以上地方人民政府批准。

第十条 县级人民政府应当按照国土空间规划关于统筹布局农业、生态、城镇等功能空间的要求,制定土地整理方案,促进耕地保护和土地节约集约利用。

县、乡(镇)人民政府应当组织农村集体经济组织,实施土地整理方案,对闲散地和废弃地有计划地整治、改造。土地整理新增耕地,可以用作建设所占用耕地的补充。

鼓励社会主体依法参与土地整理。

第十一条 县级以上地方人民政府应当采取措施,预防和治理耕地土壤流失、污染,有计划地改造中低产田,建设高标准农田,提高耕地质量,保护黑土地等优质耕地,并依法对建设所占用耕地耕作层的土壤利用作出合理安排。

非农业建设依法占用永久基本农田的,建设单位应当按照省、自治区、直辖市的规定,将所占用耕地耕作层的土壤用于新开垦耕地、劣质地或者其他耕地的土壤改良。

县级以上地方人民政府应当加强对农业结构调整的引导和管理,防止破坏耕地耕作层;设施农业用地不再使用的,应当及时组织恢复种植条件。

第十二条 国家对耕地实行特殊保护,严守耕地保护红线,严格控制耕地转为林地、草地、园地等其他农用地,并建立耕地保护补偿制度,具体办法和耕地保护补偿实施步骤由国务院自然资源主管部门会同有关部门规定。

非农业建设必须节约使用土地,可以利用荒地的,不得占用耕地;可以利用劣地的,不得占用好地。禁止占用耕地建窑、建坟或者擅自在耕地上建房、挖砂、采石、采矿、取土等。禁止占用永久基本农田发展林果业和挖塘养鱼。

耕地应当优先用于粮食和棉、油、糖、蔬菜等农产品生产。按照国家有关规定需要将耕地转为林地、草地、园地等其他农用地的,应当优先使用难以长期稳定利用的耕地。

第十三条 省、自治区、直辖市人民政府对本行政区域耕地保护负总责,其主要负责人是本行政区域耕地保护的第一责任人。

省、自治区、直辖市人民政府应当将国务院确定的耕地保有量和永久基本农田保护任务分解下达,落实到具体地块。

国务院对省、自治区、直辖市人民政府耕地保护责任目标落实情况进行考核。

第四章 建 设 用 地

第一节 一 般 规 定

第十四条 建设项目需要使用土地的,应当符合国土空间规划、土地利用年度计划和用途管制以及节约资源、保护生态环境的要求,并严格执行建设用地标准,优先使用存量建设用地,提高建设用地使用效率。

从事土地开发利用活动,应当采取有效措施,防止、减少土壤污染,并确保建设用地符合土壤环境质量要求。

第十五条 各级人民政府应当依据国民经济和社会发展规划及年度计划、国土空间规划、国家产业政策以及城乡建设、土地利用的实际状况等,加强土地利用计划管理,实行建设用地总量控制,推动城乡存量建设用地开发利用,引导城镇低效用地再开发,落实建设用地标准控制制度,开展节约集约用地评价,推广应用节地技术和节地模式。

第十六条　县级以上地方人民政府自然资源主管部门应当将本级人民政府确定的年度建设用地供应总量、结构、时序、地块、用途等在政府网站上向社会公布,供社会公众查阅。

第十七条　建设单位使用国有土地,应当以有偿使用方式取得;但是,法律、行政法规规定可以以划拨方式取得的除外。

国有土地有偿使用的方式包括:

(一)国有土地使用权出让;

(二)国有土地租赁;

(三)国有土地使用权作价出资或者入股。

第十八条　国有土地使用权出让、国有土地租赁等应当依照国家有关规定通过公开的交易平台进行交易,并纳入统一的公共资源交易平台体系。除依法可以采取协议方式外,应当采取招标、拍卖、挂牌等竞争性方式确定土地使用者。

第十九条　《土地管理法》第五十五条规定的新增建设用地的土地有偿使用费,是指国家在新增建设用地中应取得的平均土地纯收益。

第二十条　建设项目施工、地质勘查需要临时使用土地的,应当尽量不占或者少占耕地。

临时用地由县级以上人民政府自然资源主管部门批准,期限一般不超过二年;建设周期较长的能源、交通、水利等基础设施建设使用的临时用地,期限不超过四年;法律、行政法规另有规定的除外。

土地使用者应当自临时用地期满之日起一年内完成土地复

垦，使其达到可供利用状态，其中占用耕地的应当恢复种植条件。

第二十一条　抢险救灾、疫情防控等急需使用土地的，可以先行使用土地。其中，属于临时用地的，用后应当恢复原状并交还原土地使用者使用，不再办理用地审批手续；属于永久性建设用地的，建设单位应当在不晚于应急处置工作结束六个月内申请补办建设用地审批手续。

第二十二条　具有重要生态功能的未利用地应当依法划入生态保护红线，实施严格保护。

建设项目占用国土空间规划确定的未利用地的，按照省、自治区、直辖市的规定办理。

第二节　农用地转用

第二十三条　在国土空间规划确定的城市和村庄、集镇建设用地范围内，为实施该规划而将农用地转为建设用地的，由市、县人民政府组织自然资源等部门拟订农用地转用方案，分批次报有批准权的人民政府批准。

农用地转用方案应当重点对建设项目安排、是否符合国土空间规划和土地利用年度计划以及补充耕地情况作出说明。

农用地转用方案经批准后，由市、县人民政府组织实施。

第二十四条　建设项目确需占用国土空间规划确定的城市和村庄、集镇建设用地范围外的农用地，涉及占用永久基本农田的，由国务院批准；不涉及占用永久基本农田的，由国务院或者国务院授权的省、自治区、直辖市人民政府批准。具体按照下列规定办理：

（一）建设项目批准、核准前或者备案前后，由自然资源主管部门对建设项目用地事项进行审查，提出建设项目用地预审意见。建设项目需要申请核发选址意见书的,应当合并办理建设项目用地预审与选址意见书,核发建设项目用地预审与选址意见书。

(二)建设单位持建设项目的批准、核准或者备案文件,向市、县人民政府提出建设用地申请。市、县人民政府组织自然资源等部门拟订农用地转用方案,报有批准权的人民政府批准;依法应当由国务院批准的,由省、自治区、直辖市人民政府审核后上报。农用地转用方案应当重点对是否符合国土空间规划和土地利用年度计划以及补充耕地情况作出说明,涉及占用永久基本农田的,还应当对占用永久基本农田的必要性、合理性和补划可行性作出说明。

(三)农用地转用方案经批准后,由市、县人民政府组织实施。

第二十五条 建设项目需要使用土地的,建设单位原则上应当一次申请,办理建设用地审批手续,确需分期建设的项目,可以根据可行性研究报告确定的方案,分期申请建设用地,分期办理建设用地审批手续。建设过程中用地范围确需调整的,应当依法办理建设用地审批手续。

农用地转用涉及征收土地的,还应当依法办理征收土地手续。

第三节 土地征收

第二十六条 需要征收土地,县级以上地方人民政府认为符合《土地管理法》第四十五条规定的,应当发布征收土地预公告,并开展拟征收土地现状调查和社会稳定风险评估。

征收土地预公告应当包括征收范围、征收目的、开展土地现状调查的安排等内容。征收土地预公告应当采用有利于社会公众知晓的方式,在拟征收土地所在的乡(镇)和村、村民小组范围内发布,预公告时间不少于十个工作日。自征收土地预公告发布之日起,任何单位和个人不得在拟征收范围内抢栽抢建;违反规定抢栽抢建的,对抢栽抢建部分不予补偿。

土地现状调查应当查明土地的位置、权属、地类、面积,以及农村村民住宅、其他地上附着物和青苗等的权属、种类、数量等情况。

社会稳定风险评估应当对征收土地的社会稳定风险状况进行综合研判,确定风险点,提出风险防范措施和处置预案。社会稳定风险评估应当有被征地的农村集体经济组织及其成员、村民委员会和其他利害关系人参加,评估结果是申请征收土地的重要依据。

第二十七条 县级以上地方人民政府应当依据社会稳定风险评估结果,结合土地现状调查情况,组织自然资源、财政、农业农村、人力资源和社会保障等有关部门拟定征地补偿安置方案。

征地补偿安置方案应当包括征收范围、土地现状、征收目的、补偿方式和标准、安置对象、安置方式、社会保障等内容。

第二十八条 征地补偿安置方案拟定后,县级以上地方人民政府应当在拟征收土地所在的乡(镇)和村、村民小组范围内公告,公告时间不少于三十日。

征地补偿安置公告应当同时载明办理补偿登记的方式和期限、异议反馈渠道等内容。

多数被征地的农村集体经济组织成员认为拟定的征地补偿安置方案不符合法律、法规规定的,县级以上地方人民政府应当组织听证。

第二十九条 县级以上地方人民政府根据法律、法规规定和听证会等情况确定征地补偿安置方案后,应当组织有关部门与拟征收土地的所有权人、使用权人签订征地补偿安置协议。征地补偿安置协议示范文本由省、自治区、直辖市人民政府制定。

对个别确实难以达成征地补偿安置协议的,县级以上地方人民政府应当在申请征收土地时如实说明。

第三十条 县级以上地方人民政府完成本条例规定的征地前期工作后,方可提出征收土地申请,依照《土地管理法》第四十六条的规定报有批准权的人民政府批准。

有批准权的人民政府应当对征收土地的必要性、合理性、是否符合《土地管理法》第四十五条规定的为了公共利益确需征收土地的情形以及是否符合法定程序进行审查。

第三十一条 征收土地申请经依法批准后,县级以上地方人民政府应当自收到批准文件之日起十五个工作日内在拟征收土地所在的乡(镇)和村、村民小组范围内发布征收土地公告,公布征收范围、征收时间等具体工作安排,对个别未达成征地补偿安置协议的应当作出征地补偿安置决定,并依法组织实施。

第三十二条 省、自治区、直辖市应当制定公布区片综合地价,确定征收农用地的土地补偿费、安置补助费标准,并制定土地补偿费、安置补助费分配办法。

地上附着物和青苗等的补偿费用,归其所有权人所有。

社会保障费用主要用于符合条件的被征地农民的养老保险等社会保险缴费补贴,按照省、自治区、直辖市的规定单独列支。

申请征收土地的县级以上地方人民政府应当及时落实土地补偿费、安置补助费、农村村民住宅以及其他地上附着物和青苗等的补偿费用、社会保障费用等,并保证足额到位,专款专用。有关费用未足额到位的,不得批准征收土地。

第四节 宅基地管理

第三十三条 农村居民点布局和建设用地规模应当遵循节

约集约、因地制宜的原则合理规划。县级以上地方人民政府应当按照国家规定安排建设用地指标,合理保障本行政区域农村村民宅基地需求。

乡(镇)、县、市国土空间规划和村庄规划应当统筹考虑农村村民生产、生活需求,突出节约集约用地导向,科学划定宅基地范围。

第三十四条 农村村民申请宅基地的,应当以户为单位向农村集体经济组织提出申请;没有设立农村集体经济组织的,应当向所在的村民小组或者村民委员会提出申请。宅基地申请依法经农村村民集体讨论通过并在本集体范围内公示后,报乡(镇)人民政府审核批准。

涉及占用农用地的,应当依法办理农用地转用审批手续。

第三十五条 国家允许进城落户的农村村民依法自愿有偿退出宅基地。乡(镇)人民政府和农村集体经济组织、村民委员会等应当将退出的宅基地优先用于保障该农村集体经济组织成员的宅基地需求。

第三十六条 依法取得的宅基地和宅基地上的农村村民住宅及其附属设施受法律保护。

禁止违背农村村民意愿强制流转宅基地,禁止违法收回农村村民依法取得的宅基地,禁止以退出宅基地作为农村村民进城落户的条件,禁止强迫农村村民搬迁退出宅基地。

第五节 集体经营性建设用地管理

第三十七条 国土空间规划应当统筹并合理安排集体经营性建设用地布局和用途,依法控制集体经营性建设用地规模,促进集体经营性建设用地的节约集约利用。

鼓励乡村重点产业和项目使用集体经营性建设用地。

第三十八条 国土空间规划确定为工业、商业等经营性用途,且已依法办理土地所有权登记的集体经营性建设用地,土地所有权人可以通过出让、出租等方式交由单位或者个人在一定年限内有偿使用。

第三十九条 土地所有权人拟出让、出租集体经营性建设用地的,市、县人民政府自然资源主管部门应当依据国土空间规划提出拟出让、出租的集体经营性建设用地的规划条件,明确土地界址、面积、用途和开发建设强度等。

市、县人民政府自然资源主管部门应当会同有关部门提出产业准入和生态环境保护要求。

第四十条 土地所有权人应当依据规划条件、产业准入和生态环境保护要求等,编制集体经营性建设用地出让、出租等方案,并依照《土地管理法》第六十三条的规定,由本集体经济组织形成书面意见,在出让、出租前不少于十个工作日报市、县人民政府。市、县人民政府认为该方案不符合规划条件或者产业准入和生态环境保护要求等的,应当在收到方案后五个工作日内提出修改意见。土地所有权人应当按照市、县人民政府的意见进行修改。

集体经营性建设用地出让、出租等方案应当载明宗地的土地界址、面积、用途、规划条件、产业准入和生态环境保护要求、使用期限、交易方式、入市价格、集体收益分配安排等内容。

第四十一条 土地所有权人应当依据集体经营性建设用地出让、出租等方案,以招标、拍卖、挂牌或者协议等方式确定土地使用者,双方应当签订书面合同,载明土地界址、面积、用途、规划条件、使用期限、交易价款支付、交地时间和开工竣工期限、产业准入和生态环境保护要求,约定提前收回的条件、补偿方式、土地使用权届满续期和地上建筑物、构筑物等附着物处理方式,以及违约责任和解决争议的方法等,并报市、县人民政府自然资源主管部门备案。未依法将规划条件、产业准入和生态环境保护要求纳入合同的,合同无效;造成损失的,依法承担民事责任。合同示范文本由国务院自然资源主管部门制定。

第四十二条　集体经营性建设用地使用者应当按照约定及时支付集体经营性建设用地价款,并依法缴纳相关税费,对集体经营性建设用地使用权以及依法利用集体经营性建设用地建造的建筑物、构筑物及其附属设施的所有权,依法申请办理不动产登记。

第四十三条　通过出让等方式取得的集体经营性建设用地使用权依法转让、互换、出资、赠与或者抵押的,双方应当签订书面合同,并书面通知土地所有权人。

集体经营性建设用地的出租,集体建设用地使用权的出让及其最高年限、转让、互换、出资、赠与、抵押等,参照同类用途的国有建设用地执行,法律、行政法规另有规定的除外。

第五章　监督检查

第四十四条　国家自然资源督察机构根据授权对省、自治区、直辖市人民政府以及国务院确定的城市人民政府下列土地利用和土地管理情况进行督察:

（一）耕地保护情况;

（二）土地节约集约利用情况;

（三）国土空间规划编制和实施情况;

（四）国家有关土地管理重大决策落实情况;

（五）土地管理法律、行政法规执行情况;

（六）其他土地利用和土地管理情况。

第四十五条 国家自然资源督察机构进行督察时，有权向有关单位和个人了解督察事项有关情况，有关单位和个人应当支持、协助督察机构工作，如实反映情况，并提供有关材料。

第四十六条 被督察的地方人民政府违反土地管理法律、行政法规，或者落实国家有关土地管理重大决策不力的，国家自然资源督察机构可以向被督察的地方人民政府下达督察意见书，地方人民政府应当认真组织整改，并及时报告整改情况；国家自然资源督察机构可以约谈被督察的地方人民政府有关负责人，并可以依法向监察机关、任免机关等有关机关提出追究相关责任人责任的建议。

第四十七条 土地管理监督检查人员应当经过培训，经考核合格，取得行政执法证件后，方可从事土地管理监督检查工作。

第四十八条 自然资源主管部门、农业农村主管部门按照职责分工进行监督检查时，可以采取下列措施：

（一）询问违法案件涉及的单位或者个人；

（二）进入被检查单位或者个人涉嫌土地违法的现场进行拍照、摄像；

（三）责令当事人停止正在进行的土地违法行为；

（四）对涉嫌土地违法的单位或者个人，在调查期间暂停办理与该违法案件相关的土地审批、登记等手续；

（五）对可能被转移、销毁、隐匿或者篡改的文件、资料予以封存，责令涉嫌土地违法的单位或者个人在调查期间不得变卖、转移与案件有关的财物；

（六）《土地管理法》第六十八条规定的其他监督检查措施。

第四十九条 依照《土地管理法》第七十三条的规定给予处分的，应当按照管理权限由责令作出行政处罚决定或者直接给予行政处罚的上级人民政府自然资源主管部门或者其他任免机关、单位作出。

第五十条　县级以上人民政府自然资源主管部门应当会同有关部门建立信用监管、动态巡查等机制,加强对建设用地供应交易和供后开发利用的监管,对建设用地市场重大失信行为依法实施惩戒,并依法公开相关信息。

第六章　法　律　责　任

第五十一条　违反《土地管理法》第三十七条的规定,非法占用永久基本农田发展林果业或者挖塘养鱼的,由县级以上人民政府自然资源主管部门责令限期改正;逾期不改正的,按占用面积处耕地开垦费2倍以上5倍以下的罚款;破坏种植条件的,依照《土地管理法》第七十五条的规定处罚。

第五十二条　违反《土地管理法》第五十七条的规定,在临时使用的土地上修建永久性建筑物的,由县级以上人民政府自然资源主管部门责令限期拆除,按占用面积处土地复垦费5倍以上10倍以下的罚款;逾期不拆除的,由作出行政决定的机关依法申请人民法院强制执行。

第五十三条　违反《土地管理法》第六十五条的规定,对建筑物、构筑物进行重建、扩建的,由县级以上人民政府自然资源主管部门责令限期拆除;逾期不拆除的,由作出行政决定的机关依法申请人民法院强制执行。

第五十四条　依照《土地管理法》第七十四条的规定处以罚款的,罚款额为违法所得的10%以上50%以下。

第五十五条　依照《土地管理法》第七十五条的规定处以罚款的,罚款额为耕地开垦费的5倍以上10倍以下;破坏黑土地等优质耕地的,从重处罚。

第五十六条 依照《土地管理法》第七十六条的规定处以罚款的,罚款额为土地复垦费的 2 倍以上 5 倍以下。

违反本条例规定,临时用地期满之日起一年内未完成复垦或者未恢复种植条件的,由县级以上人民政府自然资源主管部门责令限期改正,依照《土地管理法》第七十六条的规定处罚,并由县级以上人民政府自然资源主管部门会同农业农村主管部门代为完成复垦或者恢复种植条件。

第五十七条 依照《土地管理法》第七十七条的规定处以罚款的,罚款额为非法占用土地每平方米 100 元以上 1000 元以下。

违反本条例规定,在国土空间规划确定的禁止开垦的范围内从事土地开发活动的,由县级以上人民政府自然资源主管部门责令限期改正,并依照《土地管理法》第七十七条的规定处罚。

第五十八条 依照《土地管理法》第七十四条、第七十七条的规定,县级以上人民政府自然资源主管部门没收在非法转让或者非法占用的土地上新建的建筑物和其他设施的,应当于九十日内交由本级人民政府或者其指定的部门依法管理和处置。

第五十九条 依照《土地管理法》第八十一条的规定处以罚款的,罚款额为非法占用土地每平方米 100 元以上 500 元以下。

第六十条 依照《土地管理法》第八十二条的规定处以罚款的,罚款额为违法所得的 10% 以上 30% 以下。

第六十一条 阻碍自然资源主管部门、农业农村主管部门的工作人员依法执行职务,构成违反治安管理行为的,依法给予治安管理处罚。

第六十二条 违反土地管理法律、法规规定,阻挠国家建设征收土地的,由县级以上地方人民政府责令交出土地;拒不交出土地的,依法申请人民法院强制执行。

第六十三条 违反本条例规定,侵犯农村村民依法取得的宅基地权益的,责令限期改正,对有关责任单位通报批评、给予警告;造成损失的,依法承担赔偿责任;对直接负责的主管人员和其他直接责任人员,依法给予处分。

第六十四条 贪污、侵占、挪用、私分、截留、拖欠征地补偿安置费用和其他有关费用的,责令改正,追回有关款项,限期退还违法所得,对有关责任单位通报批评、给予警告;造成损失的,依法承担赔偿责任;对直接负责的主管人员和其他直接责任人员,依法给予处分。

第六十五条 各级人民政府及自然资源主管部门、农业农村主管部门工作人员玩忽职守、滥用职权、徇私舞弊的,依法给予处分。

第六十六条 违反本条例规定,构成犯罪的,依法追究刑事责任。

第七章 附　　则

第六十七条 本条例自2021年9月1日起施行。

中华人民共和国
民法典（节录）

（2020年5月28日第十三届全国人民代表大会第三次会议通过 2020年5月28日中华人民共和国主席令第45号公布 自2021年1月1日起施行）

第二编 物 权

第一分编 通 则

第一章 一般规定

第二百零五条 【物权编的调整范围】本编调整因物的归属和利用产生的民事关系。

第二百零六条 【社会主义基本经济制度与社会主义市场经济】国家坚持和完善公有制为主体、多种所有制经济共同发展，按劳分配为主体、多种分配方式并存，社会主义市场经济体制等社会主义基本经济制度。

国家巩固和发展公有制经济，鼓励、支持和引导非公有制经济的发展。

国家实行社会主义市场经济，保障一切市场主体的平等法律地位和发展权利。

第二百零七条 【物权平等保护原则】国家、集体、私人的物权和其他权利人的物权受法律平等保护,任何组织或者个人不得侵犯。

第二百零八条 【物权公示原则】不动产物权的设立、变更、转让和消灭,应当依照法律规定登记。动产物权的设立和转让,应当依照法律规定交付。

第二章 物权的设立、变更、转让和消灭

第一节 不动产登记

第二百零九条 【不动产物权登记的效力】不动产物权的设立、变更、转让和消灭,经依法登记,发生效力;未经登记,不发生效力,但是法律另有规定的除外。

依法属于国家所有的自然资源,所有权可以不登记。

第二百一十条 【不动产登记机构和不动产统一登记】不动产登记,由不动产所在地的登记机构办理。

国家对不动产实行统一登记制度。统一登记的范围、登记机构和登记办法,由法律、行政法规规定。

第二百一十一条 【不动产登记申请资料】当事人申请登记,应当根据不同登记事项提供权属证明和不动产界址、面积等必要材料。

第二百一十二条 【登记机构的职责】登记机构应当履行下列职责:

(一)查验申请人提供的权属证明和其他必要材料;

（二）就有关登记事项询问申请人；

（三）如实、及时登记有关事项；

（四）法律、行政法规规定的其他职责。

申请登记的不动产的有关情况需要进一步证明的,登记机构可以要求申请人补充材料,必要时可以实地查看。

第二百一十三条　【登记机构不得从事的行为】登记机构不得有下列行为：

（一）要求对不动产进行评估；

（二）以年检等名义进行重复登记；

（三）超出登记职责范围的其他行为。

第二百一十四条　【不动产物权变动的生效时间】不动产物权的设立、变更、转让和消灭,依照法律规定应当登记的,自记载于不动产登记簿时发生效力。

第二百一十五条　【合同效力与物权变动区分】当事人之间订立有关设立、变更、转让和消灭不动产物权的合同,除法律另有规定或者当事人另有约定外,自合同成立时生效；未办理物权登记的,不影响合同效力。

第二百一十六条　【不动产登记簿的效力和管理】不动产登记簿是物权归属和内容的根据。

不动产登记簿由登记机构管理。

第二百一十七条　【不动产登记簿与不动产权属证书的关系】不动产权属证书是权利人享有该不动产物权的证明。不动产权属证书记载的事项,应当与不动产登记簿一致；记载不一致的,除有证据证明不动产登记簿确有错误外,以不动产登记簿为准。

第二百一十八条　【不动产登记资料的查询、复制】权利人、利害关系人可以申请查询、复制不动产登记资料,登记机构应当提供。

第二百一十九条 【保护权利人个人信息】利害关系人不得公开、非法使用权利人的不动产登记资料。

第二百二十条 【更正登记与异议登记】权利人、利害关系人认为不动产登记簿记载的事项错误的,可以申请更正登记。不动产登记簿记载的权利人书面同意更正或者有证据证明登记确有错误的,登记机构应当予以更正。

不动产登记簿记载的权利人不同意更正的,利害关系人可以申请异议登记。登记机构予以异议登记,申请人自异议登记之日起十五日内不提起诉讼的,异议登记失效。异议登记不当,造成权利人损害的,权利人可以向申请人请求损害赔偿。

第二百二十一条 【预告登记】当事人签订买卖房屋的协议或者签订其他不动产物权的协议,为保障将来实现物权,按照约定可以向登记机构申请预告登记。预告登记后,未经预告登记的权利人同意,处分该不动产的,不发生物权效力。

预告登记后,债权消灭或者自能够进行不动产登记之日起九十日内未申请登记的,预告登记失效。

第二百二十二条 【不动产登记错误的赔偿】当事人提供虚假材料申请登记,造成他人损害的,应当承担赔偿责任。

因登记错误,造成他人损害的,登记机构应当承担赔偿责任。登记机构赔偿后,可以向造成登记错误的人追偿。

第二百二十三条 【不动产登记的费用】不动产登记费按件收取,不得按照不动产的面积、体积或者价款的比例收取。

第二节 动产交付

第二百二十四条 【动产交付的效力】动产物权的设立和转

让,自交付时发生效力,但是法律另有规定的除外。

第二百二十五条 【特殊动产登记的效力】船舶、航空器和机动车等的物权的设立、变更、转让和消灭,未经登记,不得对抗善意第三人。

第二百二十六条 【动产物权受让人先行占有】动产物权设立和转让前,权利人已经占有该动产的,物权自民事法律行为生效时发生效力。

第二百二十七条 【指示交付】动产物权设立和转让前,第三人占有该动产的,负有交付义务的人可以通过转让请求第三人返还原物的权利代替交付。

第二百二十八条 【占有改定】动产物权转让时,当事人又约定由出让人继续占有该动产的,物权自该约定生效时发生效力。

第三节 其他规定

第二百二十九条 【法律文书或征收决定导致的物权变动】因人民法院、仲裁机构的法律文书或者人民政府的征收决定等,导致物权设立、变更、转让或者消灭的,自法律文书或者征收决定等生效时发生效力。

第二百三十条 【因继承取得物权】因继承取得物权的,自继承开始时发生效力。

第二百三十一条 【因事实行为发生物权变动】因合法建造、拆除房屋等事实行为设立或者消灭物权的,自事实行为成就时发生效力。

第二百三十二条 【处分非因民事法律行为享有的不动产物权】处分依照本节规定享有的不动产物权,依照法律规定需要办理登记的,未经登记,不发生物权效力。

第三章　物权的保护

第二百三十三条　【物权纠纷解决方式】物权受到侵害的,权利人可以通过和解、调解、仲裁、诉讼等途径解决。

第二百三十四条　【物权确认请求权】因物权的归属、内容发生争议的,利害关系人可以请求确认权利。

第二百三十五条　【返还原物请求权】无权占有不动产或者动产的,权利人可以请求返还原物。

第二百三十六条　【排除妨害、消除危险请求权】妨害物权或者可能妨害物权的,权利人可以请求排除妨害或者消除危险。

第二百三十七条　【物权复原请求权】造成不动产或者动产毁损的,权利人可以依法请求修理、重作、更换或者恢复原状。

第二百三十八条　【物权损害赔偿请求权】侵害物权,造成权利人损害的,权利人可以依法请求损害赔偿,也可以依法请求承担其他民事责任。

第二百三十九条　【物权保护方式的单用与并用】本章规定的物权保护方式,可以单独适用,也可以根据权利被侵害的情形合并适用。

第二分编　所　有　权

第四章　一　般　规　定

第二百四十条　【所有权的定义】所有权人对自己的不动产或者动产,依法享有占有、使用、收益和处分的权利。

第二百四十一条 【所有权人设立他物权】所有权人有权在自己的不动产或者动产上设立用益物权和担保物权。用益物权人、担保物权人行使权利，不得损害所有权人的权益。

第二百四十二条 【国家专属所有权】法律规定专属于国家所有的不动产和动产，任何组织或者个人不能取得所有权。

第二百四十三条 【征收】为了公共利益的需要，依照法律规定的权限和程序可以征收集体所有的土地和组织、个人的房屋以及其他不动产。

征收集体所有的土地，应当依法及时足额支付土地补偿费、安置补助费以及农村村民住宅、其他地上附着物和青苗等的补偿费用，并安排被征地农民的社会保障费用，保障被征地农民的生活，维护被征地农民的合法权益。

征收组织、个人的房屋以及其他不动产，应当依法给予征收补偿，维护被征收人的合法权益；征收个人住宅的，还应当保障被征收人的居住条件。

任何组织或者个人不得贪污、挪用、私分、截留、拖欠征收补偿费等费用。

第二百四十四条 【耕地保护】国家对耕地实行特殊保护，严格限制农用地转为建设用地，控制建设用地总量。不得违反法律规定的权限和程序征收集体所有的土地。

第二百四十五条 【征用】因抢险救灾、疫情防控等紧急需要，依照法律规定的权限和程序可以征用组织、个人的不动产或者动产。被征用的不动产或者动产使用后，应当返还被征用人。组织、个人的不动产或者动产被征用或者征用后毁损、灭失的，应当给予补偿。

第五章　国家所有权和集体所有权、私人所有权

第二百四十六条　【国有财产的范围、国家所有的性质和国家所有权的行使】法律规定属于国家所有的财产,属于国家所有即全民所有。

国有财产由国务院代表国家行使所有权。法律另有规定的,依照其规定。

第二百四十七条　【矿藏、水流、海域的国家所有权】矿藏、水流、海域属于国家所有。

第二百四十八条　【无居民海岛的国家所有权】无居民海岛属于国家所有,国务院代表国家行使无居民海岛所有权。

第二百四十九条　【国家所有土地的范围】城市的土地,属于国家所有。法律规定属于国家所有的农村和城市郊区的土地,属于国家所有。

第二百五十条　【自然资源的国家所有权】森林、山岭、草原、荒地、滩涂等自然资源,属于国家所有,但是法律规定属于集体所有的除外。

第二百五十一条　【野生动植物资源的国家所有权】法律规定属于国家所有的野生动植物资源,属于国家所有。

第二百五十二条　【无线电频谱资源的国家所有权】无线电频谱资源属于国家所有。

第二百五十三条　【文物的国家所有权】法律规定属于国家所有的文物,属于国家所有。

第二百五十四条　【国防资产和基础设施的国家所有权】国防资产属于国家所有。

铁路、公路、电力设施、电信设施和油气管道等基础设施,依照法律规定为国家所有的,属于国家所有。

第二百五十五条 【国家机关的物权】国家机关对其直接支配的不动产和动产,享有占有、使用以及依照法律和国务院的有关规定处分的权利。

第二百五十六条 【国家举办的事业单位的物权】国家举办的事业单位对其直接支配的不动产和动产,享有占有、使用以及依照法律和国务院的有关规定收益、处分的权利。

第二百五十七条 【国家出资的企业出资人制度】国家出资的企业,由国务院、地方人民政府依照法律、行政法规规定分别代表国家履行出资人职责,享有出资人权益。

第二百五十八条 【国有财产的保护】国家所有的财产受法律保护,禁止任何组织或者个人侵占、哄抢、私分、截留、破坏。

第二百五十九条 【国有财产管理的法律责任】履行国有财产管理、监督职责的机构及其工作人员,应当依法加强对国有财产的管理、监督,促进国有财产保值增值,防止国有财产损失;滥用职权,玩忽职守,造成国有财产损失的,应当依法承担法律责任。

违反国有财产管理规定,在企业改制、合并分立、关联交易等过程中,低价转让、合谋私分、擅自担保或者以其他方式造成国有财产损失的,应当依法承担法律责任。

第二百六十条 【集体财产的范围】集体所有的不动产和动产包括:

(一)法律规定属于集体所有的土地和森林、山岭、草原、荒地、滩涂;

(二)集体所有的建筑物、生产设施、农田水利设施;

(三)集体所有的教育、科学、文化、卫生、体育等设施;

(四)集体所有的其他不动产和动产。

第二百六十一条 【农民集体所有财产归属及重大事项集体决定】农民集体所有的不动产和动产,属于本集体成员集体所有。

下列事项应当依照法定程序经本集体成员决定:

(一)土地承包方案以及将土地发包给本集体以外的组织或者个人承包;

(二)个别土地承包经营权人之间承包地的调整;

(三)土地补偿费等费用的使用、分配办法;

(四)集体出资的企业的所有权变动等事项;

(五)法律规定的其他事项。

第二百六十二条 【集体所有的不动产所有权行使】对于集体所有的土地和森林、山岭、草原、荒地、滩涂等,依照下列规定行使所有权:

(一)属于村农民集体所有的,由村集体经济组织或者村民委员会依法代表集体行使所有权;

(二)分别属于村内两个以上农民集体所有的,由村内各该集体经济组织或者村民小组依法代表集体行使所有权;

(三)属于乡镇农民集体所有的,由乡镇集体经济组织代表集体行使所有权。

第二百六十三条 【城镇集体所有的财产权利行使】城镇集体所有的不动产和动产,依照法律、行政法规的规定由本集体享有占有、使用、收益和处分的权利。

第二百六十四条 【集体成员对集体财产的知情权】农村集体经济组织或者村民委员会、村民小组应当依照法律、行政法规以及章程、村规民约向本集体成员公布集体财产的状况。集体成员有权查阅、复制相关资料。

第二百六十五条 【财产权保护】集体所有的财产受法律保护,禁止任何组织或者个人侵占、哄抢、私分、破坏。

农村集体经济组织、村民委员会或者其负责人作出的决定侵害集体成员合法权益的,受侵害的集体成员可以请求人民法院予以撤销。

第二百六十六条 【私有财产的范围】私人对其合法的收入、房屋、生活用品、生产工具、原材料等不动产和动产享有所有权。

第二百六十七条 【私人合法财产的保护】私人的合法财产受法律保护,禁止任何组织或者个人侵占、哄抢、破坏。

第二百六十八条 【企业出资人权利】国家、集体和私人依法可以出资设立有限责任公司、股份有限公司或者其他企业。国家、集体和私人所有的不动产或者动产投到企业的,由出资人按照约定或者出资比例享有资产收益、重大决策以及选择经营管理者等权利并履行义务。

第二百六十九条 【法人财产权】营利法人对其不动产和动产依照法律、行政法规以及章程享有占有、使用、收益和处分的权利。

营利法人以外的法人,对其不动产和动产的权利,适用有关法律、行政法规以及章程的规定。

第二百七十条 【社会团体法人、捐助法人合法财产的保护】社会团体法人、捐助法人依法所有的不动产和动产,受法律保护。

第六章 业主的建筑物区分所有权

第二百七十一条 【建筑物区分所有权】业主对建筑物内的住宅、经营性用房等专有部分享有所有权,对专有部分以外的共有部分享有共有和共同管理的权利。

第二百七十二条 【业主对专有部分的权利和义务】业主对其建筑物专有部分享有占有、使用、收益和处分的权利。业主行使权利不得危及建筑物的安全,不得损害其他业主的合法权益。

第二百七十三条 【业主对共有部分的权利和义务】业主对建筑物专有部分以外的共有部分,享有权利,承担义务;不得以放弃权利为由不履行义务。

业主转让建筑物内的住宅、经营性用房,其对共有部分享有的共有和共同管理的权利一并转让。

第二百七十四条 【建筑区划内道路、绿地等的权利归属】建筑区划内的道路,属于业主共有,但是属于城镇公共道路的除外。建筑区划内的绿地,属于业主共有,但是属于城镇公共绿地或者明示属于个人的除外。建筑区划内的其他公共场所、公用设施和物业服务用房,属于业主共有。

第二百七十五条 【车位、车库的归属】建筑区划内,规划用于停放汽车的车位、车库的归属,由当事人通过出售、附赠或者出租等方式约定。

占用业主共有的道路或者其他场地用于停放汽车的车位,属于业主共有。

第二百七十六条 【车位、车库的首要用途】建筑区划内,规划用于停放汽车的车位、车库应当首先满足业主的需要。

第二百七十七条 【业主自治管理组织的设立及指导和协助】业主可以设立业主大会,选举业主委员会。业主大会、业主委员会成立的具体条件和程序,依照法律、法规的规定。

地方人民政府有关部门、居民委员会应当对设立业主大会和选举业主委员会给予指导和协助。

第二百七十八条 【业主共同决定事项及表决】下列事项由业主共同决定:

(一)制定和修改业主大会议事规则;

(二)制定和修改管理规约;

（三）选举业主委员会或者更换业主委员会成员；

（四）选聘和解聘物业服务企业或者其他管理人；

（五）使用建筑物及其附属设施的维修资金；

（六）筹集建筑物及其附属设施的维修资金；

（七）改建、重建建筑物及其附属设施；

（八）改变共有部分的用途或者利用共有部分从事经营活动；

（九）有关共有和共同管理权利的其他重大事项。

业主共同决定事项，应当由专有部分面积占比三分之二以上的业主且人数占比三分之二以上的业主参与表决。决定前款第六项至第八项规定的事项，应当经参与表决专有部分面积四分之三以上的业主且参与表决人数四分之三以上的业主同意。决定前款其他事项，应当经参与表决专有部分面积过半数的业主且参与表决人数过半数的业主同意。

第二百七十九条 【业主改变住宅用途的限制条件】业主不得违反法律、法规以及管理规约，将住宅改变为经营性用房。业主将住宅改变为经营性用房的，除遵守法律、法规以及管理规约外，应当经有利害关系的业主一致同意。

第二百八十条 【业主大会、业主委员会决定的效力】业主大会或者业主委员会的决定，对业主具有法律约束力。

业主大会或者业主委员会作出的决定侵害业主合法权益的，受侵害的业主可以请求人民法院予以撤销。

第二百八十一条 【建筑物及其附属设施维修资金的归属和处分】建筑物及其附属设施的维修资金，属于业主共有。经业主共同决定，可以用于电梯、屋顶、外墙、无障碍设施等共有部分的维修、更新和改造。建筑物及其附属设施的维修资金的筹集、使用情况应当定期公布。

紧急情况下需要维修建筑物及其附属设施的，业主大会或者业主委员会可以依法申请使用建筑物及其附属设施的维修资金。

第二百八十二条 【共有部分的收入分配】建设单位、物业服务企业或者其他管理人等利用业主的共有部分产生的收入,在扣除合理成本之后,属于业主共有。

第二百八十三条 【建筑物及其附属设施的费用分摊和收益分配】建筑物及其附属设施的费用分摊、收益分配等事项,有约定的,按照约定;没有约定或者约定不明确的,按照业主专有部分面积所占比例确定。

第二百八十四条 【建筑物及其附属设施的管理主体】业主可以自行管理建筑物及其附属设施,也可以委托物业服务企业或者其他管理人管理。

对建设单位聘请的物业服务企业或者其他管理人,业主有权依法更换。

第二百八十五条 【业主和物业服务企业或其他管理人的关系】物业服务企业或者其他管理人根据业主的委托,依照本法第三编有关物业服务合同的规定管理建筑区划内的建筑物及其附属设施,接受业主的监督,并及时答复业主对物业服务情况提出的询问。

物业服务企业或者其他管理人应当执行政府依法实施的应急处置措施和其他管理措施,积极配合开展相关工作。

第二百八十六条 【业主的相关义务及责任】业主应当遵守法律、法规以及管理规约,相关行为应当符合节约资源、保护生态环境的要求。对于物业服务企业或者其他管理人执行政府依法实施的应急处置措施和其他管理措施,业主应当依法予以配合。

业主大会或者业主委员会,对任意弃置垃圾、排放污染物或者噪声、违反规定饲养动物、违章搭建、侵占通道、拒付物业费等损害他人合法权益的行为,有权依照法律、法规以及管理规约,请求行为人停止侵害、排除妨碍、消除危险、恢复原状、赔偿损失。

业主或者其他行为人拒不履行相关义务的,有关当事人可以向有关行政主管部门报告或者投诉,有关行政主管部门应当依法处理。

第二百八十七条 【业主合法权益的保护】业主对建设单位、物业服务企业或者其他管理人以及其他业主侵害自己合法权益的行为,有权请求其承担民事责任。

第七章 相 邻 关 系

第二百八十八条 【处理相邻关系的原则】不动产的相邻权利人应当按照有利生产、方便生活、团结互助、公平合理的原则,正确处理相邻关系。

第二百八十九条 【处理相邻关系的依据】法律、法规对处理相邻关系有规定的,依照其规定;法律、法规没有规定的,可以按照当地习惯。

第二百九十条 【用水、排水相邻关系】不动产权利人应当为相邻权利人用水、排水提供必要的便利。

对自然流水的利用,应当在不动产的相邻权利人之间合理分配。对自然流水的排放,应当尊重自然流向。

第二百九十一条 【通行相邻关系】不动产权利人对相邻权利人因通行等必须利用其土地的,应当提供必要的便利。

第二百九十二条 【相邻土地的利用】不动产权利人因建造、修缮建筑物以及铺设电线、电缆、水管、暖气和燃气管线等必须利用相邻土地、建筑物的,该土地、建筑物的权利人应当提供必要的便利。

第二百九十三条 【相邻通风、采光和日照】建造建筑物,不得违反国家有关工程建设标准,不得妨碍相邻建筑物的通风、采光和日照。

第二百九十四条 【相邻不动产之间不可量物侵害】不动产权利人不得违反国家规定弃置固体废物,排放大气污染物、水污染物、土壤污染物、噪声、光辐射、电磁辐射等有害物质。

第二百九十五条 【维护相邻不动产安全】不动产权利人挖掘土地、建造建筑物、铺设管线以及安装设备等,不得危及相邻不动产的安全。

第二百九十六条 【使用相邻不动产避免造成损害】不动产权利人因用水、排水、通行、铺设管线等利用相邻不动产的,应当尽量避免对相邻的不动产权利人造成损害。

第八章 共　　有

第二百九十七条 【共有及其类型】不动产或者动产可以由两个以上组织、个人共有。共有包括按份共有和共同共有。

第二百九十八条 【按份共有】按份共有人对共有的不动产或者动产按照其份额享有所有权。

第二百九十九条 【共同共有】共同共有人对共有的不动产或者动产共同享有所有权。

第三百条 【共有人对共有物的管理权】共有人按照约定管理共有的不动产或者动产;没有约定或者约定不明确的,各共有人都有管理的权利和义务。

第三百零一条 【共有物的处分、重大修缮和性质、用途变更】处分共有的不动产或者动产以及对共有的不动产或者动产作重大修缮、变更性质或者用途的,应当经占份额三分之二以上的按份共有人或者全体共同共有人同意,但是共有人之间另有约定的除外。

第三百零二条 【共有物管理费用的负担】共有人对共有物的管理费用以及其他负担,有约定的,按照其约定;没有约定或者约定不明确的,按份共有人按照其份额负担,共同共有人共同负担。

第三百零三条 【共有财产的分割原则】共有人约定不得分割共有的不动产或者动产,以维持共有关系的,应当按照约定,但是共有人有重大理由需要分割的,可以请求分割;没有约定或者约定不明确的,按份共有人可以随时请求分割,共同共有人在共有的基础丧失或者有重大理由需要分割时可以请求分割。因分割造成其他共有人损害的,应当给予赔偿。

第三百零四条 【共有物的分割方式】共有人可以协商确定分割方式。达不成协议,共有的不动产或者动产可以分割且不会因分割减损价值的,应当对实物予以分割;难以分割或者因分割会减损价值的,应当对折价或者拍卖、变卖取得的价款予以分割。

共有人分割所得的不动产或者动产有瑕疵的,其他共有人应当分担损失。

第三百零五条 【按份共有人的份额处分权和其他共有人的优先购买权】按份共有人可以转让其享有的共有的不动产或者动产份额。其他共有人在同等条件下享有优先购买的权利。

第三百零六条 【优先购买权的实现方式】按份共有人转让其享有的共有的不动产或者动产份额的,应当将转让条件及时通知其他共有人。其他共有人应当在合理期限内行使优先购买权。

两个以上其他共有人主张行使优先购买权的,协商确定各自的购买比例;协商不成的,按照转让时各自的共有份额比例行使优先购买权。

第三百零七条 【因共有财产产生的债权债务关系的对外、对内效力】因共有的不动产或者动产产生的债权债务,在对外关系上，共有人享有连带债权、承担连带债务，但是法律另有规定或者第三人知道共有人不具有连带债权债务关系的除外；在共有人内部关系上，除共有人另有约定外，按份共有人按照份额享有债权、承担债务，共同共有人共同享有债权、承担债务。偿还债务超过自己应当承担份额的按份共有人，有权向其他共有人追偿。

第三百零八条 【按份共有的推定】共有人对共有的不动产或者动产没有约定为按份共有或者共同共有，或者约定不明确的，除共有人具有家庭关系等外，视为按份共有。

第三百零九条 【按份共有人份额的确定】按份共有人对共有的不动产或者动产享有的份额，没有约定或者约定不明确的，按照出资额确定；不能确定出资额的，视为等额享有。

第三百一十条 【用益物权、担保物权的准共有】两个以上组织、个人共同享有用益物权、担保物权的，参照适用本章的有关规定。

第九章 所有权取得的特别规定

第三百一十一条 【善意取得】无处分权人将不动产或者动产转让给受让人的，所有权人有权追回；除法律另有规定外，符合下列情形的，受让人取得该不动产或者动产的所有权：

（一）受让人受让该不动产或者动产时是善意；

（二）以合理的价格转让；

（三）转让的不动产或者动产依照法律规定应当登记的已经登记，不需要登记的已经交付给受让人。

受让人依据前款规定取得不动产或者动产的所有权的，原所有权人有权向无处分权人请求损害赔偿。

当事人善意取得其他物权的，参照适用前两款规定。

第三百一十二条　【遗失物的善意取得】所有权人或者其他权利人有权追回遗失物。该遗失物通过转让被他人占有的,权利人有权向无处分权人请求损害赔偿,或者自知道或者应当知道受让人之日起二年内向受让人请求返还原物;但是,受让人通过拍卖或者向具有经营资格的经营者购得该遗失物的,权利人请求返还原物时应当支付受让人所付的费用。权利人向受让人支付所付费用后,有权向无处分权人追偿。

　　第三百一十三条　【善意取得的动产上原有权利的消灭】善意受让人取得动产后,该动产上的原有权利消灭。但是,善意受让人在受让时知道或者应当知道该权利的除外。

　　第三百一十四条　【拾得遗失物的返还】拾得遗失物,应当返还权利人。拾得人应当及时通知权利人领取,或者送交公安等有关部门。

　　第三百一十五条　【有关部门收到遗失物的处理】有关部门收到遗失物,知道权利人的,应当及时通知其领取;不知道的,应当及时发布招领公告。

　　第三百一十六条　【拾得人及有关部门妥善保管遗失物义务】拾得人在遗失物送交有关部门前,有关部门在遗失物被领取前,应当妥善保管遗失物。因故意或者重大过失致使遗失物毁损、灭失的,应当承担民事责任。

　　第三百一十七条　【权利人在领取遗失物时应尽义务】权利人领取遗失物时,应当向拾得人或者有关部门支付保管遗失物等支出的必要费用。

　　权利人悬赏寻找遗失物的,领取遗失物时应当按照承诺履行义务。

　　拾得人侵占遗失物的,无权请求保管遗失物等支出的费用,也无权请求权利人按照承诺履行义务。

第三百一十八条 【公告期满无人认领的遗失物归属】遗失物自发布招领公告之日起一年内无人认领的,归国家所有。

第三百一十九条 【拾得漂流物、发现埋藏物或隐藏物】拾得漂流物、发现埋藏物或者隐藏物的,参照适用拾得遗失物的有关规定。法律另有规定的,依照其规定。

第三百二十条 【从物所有权的转移】主物转让的,从物随主物转让,但是当事人另有约定的除外。

第三百二十一条 【天然孳息和法定孳息的归属】天然孳息,由所有权人取得;既有所有权人又有用益物权人的,由用益物权人取得。当事人另有约定的,按照其约定。

法定孳息,当事人有约定的,按照约定取得;没有约定或者约定不明确的,按照交易习惯取得。

第三百二十二条 【添附取得物的归属】因加工、附合、混合而产生的物的归属,有约定的,按照约定;没有约定或者约定不明确的,依照法律规定;法律没有规定的,按照充分发挥物的效用以及保护无过错当事人的原则确定。因一方当事人的过错或者确定物的归属造成另一方当事人损害的,应当给予赔偿或者补偿。

第三分编 用益物权

第十章 一般规定

第三百二十三条 【用益物权的定义】用益物权人对他人所有的不动产或者动产,依法享有占有、使用和收益的权利。

第三百二十四条 【国有和集体所有自然资源的用益物权】国家所有或者国家所有由集体使用以及法律规定属于集体所有

的自然资源,组织、个人依法可以占有、使用和收益。

第三百二十五条 【自然资源使用制度】国家实行自然资源有偿使用制度,但是法律另有规定的除外。

第三百二十六条 【用益物权人权利的行使】用益物权人行使权利,应当遵守法律有关保护和合理开发利用资源、保护生态环境的规定。所有权人不得干涉用益物权人行使权利。

第三百二十七条 【用益物权人因征收、征用有权获得补偿】因不动产或者动产被征收、征用致使用益物权消灭或者影响用益物权行使的,用益物权人有权依据本法第二百四十三条、第二百四十五条的规定获得相应补偿。

第三百二十八条 【海域使用权的法律保护】依法取得的海域使用权受法律保护。

第三百二十九条 【合法探矿权等权利的法律保护】依法取得的探矿权、采矿权、取水权和使用水域、滩涂从事养殖、捕捞的权利受法律保护。

第十一章 土地承包经营权

第三百三十条 【双层经营体制与土地承包经营制度】农村集体经济组织实行家庭承包经营为基础、统分结合的双层经营体制。

农民集体所有和国家所有由农民集体使用的耕地、林地、草地以及其他用于农业的土地,依法实行土地承包经营制度。

第三百三十一条 【土地承包经营权的定义】土地承包经营权人依法对其承包经营的耕地、林地、草地等享有占有、使用和收益的权利,有权从事种植业、林业、畜牧业等农业生产。

第三百三十二条 【土地承包期】耕地的承包期为三十年。

草地的承包期为三十年至五十年。林地的承包期为三十年至七十年。

前款规定的承包期限届满,由土地承包经营权人依照农村土地承包的法律规定继续承包。

第三百三十三条 【土地承包经营权的设立和登记】土地承包经营权自土地承包经营权合同生效时设立。

登记机构应当向土地承包经营权人发放土地承包经营权证、林权证等证书,并登记造册,确认土地承包经营权。

第三百三十四条 【土地承包经营权的互换、转让】土地承包经营权人依照法律规定,有权将土地承包经营权互换、转让。未经依法批准,不得将承包地用于非农建设。

第三百三十五条 【土地承包经营权互换、转让的登记】土地承包经营权互换、转让的,当事人可以向登记机构申请登记;未经登记,不得对抗善意第三人。

第三百三十六条 【承包地的调整】承包期内发包人不得调整承包地。

因自然灾害严重毁损承包地等特殊情形,需要适当调整承包的耕地和草地的,应当依照农村土地承包的法律规定办理。

第三百三十七条 【承包地的收回】承包期内发包人不得收回承包地。法律另有规定的,依照其规定。

第三百三十八条 【承包地的征收补偿】承包地被征收的,土地承包经营权人有权依据本法第二百四十三条的规定获得相应补偿。

第三百三十九条 【土地经营权的流转】土地承包经营权人可以自主决定依法采取出租、入股或者其他方式向他人流转土地经营权。

第三百四十条 【土地经营权人享有的基本权利】土地经营

权人有权在合同约定的期限内占有农村土地,自主开展农业生产经营并取得收益。

第三百四十一条 【土地经营权的设立及登记】流转期限为五年以上的土地经营权,自流转合同生效时设立。当事人可以向登记机构申请土地经营权登记;未经登记,不得对抗善意第三人。

第三百四十二条 【其他方式承包的土地经营权流转】通过招标、拍卖、公开协商等方式承包农村土地,经依法登记取得权属证书的,可以依法采取出租、入股、抵押或者其他方式流转土地经营权。

第三百四十三条 【国有农用地实行承包经营的参照适用】国家所有的农用地实行承包经营的,参照适用本编的有关规定。

第十二章 建设用地使用权

第三百四十四条 【建设用地使用权的定义】建设用地使用权人依法对国家所有的土地享有占有、使用和收益的权利,有权利用该土地建造建筑物、构筑物及其附属设施。

第三百四十五条 【建设用地使用权的分层设立】建设用地使用权可以在土地的地表、地上或者地下分别设立。

第三百四十六条 【建设用地使用权的设立原则】设立建设用地使用权,应当符合节约资源、保护生态环境的要求,遵守法律、行政法规关于土地用途的规定,不得损害已经设立的用益物权。

第三百四十七条 【建设用地使用权的出让方式】设立建设用地使用权,可以采取出让或者划拨等方式。

工业、商业、旅游、娱乐和商品住宅等经营性用地以及同一土地有两个以上意向用地者的,应当采取招标、拍卖等公开竞价的方式出让。

严格限制以划拨方式设立建设用地使用权。

第三百四十八条 【建设用地使用权出让合同】通过招标、拍卖、协议等出让方式设立建设用地使用权的,当事人应当采用书面形式订立建设用地使用权出让合同。

建设用地使用权出让合同一般包括下列条款:

(一)当事人的名称和住所;

(二)土地界址、面积等;

(三)建筑物、构筑物及其附属设施占用的空间;

(四)土地用途、规划条件;

(五)建设用地使用权期限;

(六)出让金等费用及其支付方式;

(七)解决争议的方法。

第三百四十九条 【建设用地使用权的登记】设立建设用地使用权的,应当向登记机构申请建设用地使用权登记。建设用地使用权自登记时设立。登记机构应当向建设用地使用权人发放权属证书。

第三百五十条 【土地用途管制制度】建设用地使用权人应当合理利用土地,不得改变土地用途;需要改变土地用途的,应当依法经有关行政主管部门批准。

第三百五十一条 【建设用地使用权人支付出让金等费用的义务】建设用地使用权人应当依照法律规定以及合同约定支付出让金等费用。

第三百五十二条 【建设用地使用权人建造的建筑物等设施的权属】建设用地使用权人建造的建筑物、构筑物及其附属设施的所有权属于建设用地使用权人,但是有相反证据证明的除外。

第三百五十三条 【建设用地使用权的流转方式】建设用地

使用权人有权将建设用地使用权转让、互换、出资、赠与或者抵押,但是法律另有规定的除外。

第三百五十四条 【处分建设用地使用权的合同形式和期限】建设用地使用权转让、互换、出资、赠与或者抵押的,当事人应当采用书面形式订立相应的合同。使用期限由当事人约定,但是不得超过建设用地使用权的剩余期限。

第三百五十五条 【建设用地使用权流转后变更登记】建设用地使用权转让、互换、出资或者赠与的,应当向登记机构申请变更登记。

第三百五十六条 【建筑物等设施随建设用地使用权的流转而一并处分】建设用地使用权转让、互换、出资或者赠与的,附着于该土地上的建筑物、构筑物及其附属设施一并处分。

第三百五十七条 【建设用地使用权随建筑物等设施的流转而一并处分】建筑物、构筑物及其附属设施转让、互换、出资或者赠与的,该建筑物、构筑物及其附属设施占用范围内的建设用地使用权一并处分。

第三百五十八条 【建设用地使用权提前收回及其补偿】建设用地使用权期限届满前,因公共利益需要提前收回该土地的,应当依据本法第二百四十三条的规定对该土地上的房屋以及其他不动产给予补偿,并退还相应的出让金。

第三百五十九条 【建设用地使用权的续期】住宅建设用地使用权期限届满的,自动续期。续期费用的缴纳或者减免,依照法律、行政法规的规定办理。

非住宅建设用地使用权期限届满后的续期,依照法律规定办理。该土地上的房屋以及其他不动产的归属,有约定的,按照约定;没有约定或者约定不明确的,依照法律、行政法规的规定办理。

第三百六十条 【建设用地使用权注销登记】建设用地使用

权消灭的,出让人应当及时办理注销登记。登记机构应当收回权属证书。

第三百六十一条　【集体所有土地作为建设用地的法律适用】集体所有的土地作为建设用地的,应当依照土地管理的法律规定办理。

第十三章　宅基地使用权

第三百六十二条　【宅基地使用权的定义】宅基地使用权人依法对集体所有的土地享有占有和使用的权利,有权依法利用该土地建造住宅及其附属设施。

第三百六十三条　【宅基地使用权取得、行使和转让的法律适用】宅基地使用权的取得、行使和转让,适用土地管理的法律和国家有关规定。

第三百六十四条　【宅基地的灭失和重新分配】宅基地因自然灾害等原因灭失的,宅基地使用权消灭。对失去宅基地的村民,应当依法重新分配宅基地。

第三百六十五条　【宅基地使用权变更和注销登记】已经登记的宅基地使用权转让或者消灭的,应当及时办理变更登记或者注销登记。

第十四章　居　住　权

第三百六十六条　【居住权的定义】居住权人有权按照合同约定,对他人的住宅享有占有、使用的用益物权,以满足生活居住的需要。

第三百六十七条　【居住权合同】设立居住权,当事人应当采用书面形式订立居住权合同。

居住权合同一般包括下列条款：

（一）当事人的姓名或者名称和住所；

（二）住宅的位置；

（三）居住的条件和要求；

（四）居住权期限；

（五）解决争议的方法。

第三百六十八条 【居住权的设立】居住权无偿设立，但是当事人另有约定的除外。设立居住权的，应当向登记机构申请居住权登记。居住权自登记时设立。

第三百六十九条 【居住权的限制】居住权不得转让、继承。设立居住权的住宅不得出租，但是当事人另有约定的除外。

第三百七十条 【居住权的消灭】居住权期限届满或者居住权人死亡的，居住权消灭。居住权消灭的，应当及时办理注销登记。

第三百七十一条 【以遗嘱方式设立居住权的参照适用】以遗嘱方式设立居住权的，参照适用本章的有关规定。

第十五章　地　役　权

第三百七十二条 【地役权的定义】地役权人有权按照合同约定，利用他人的不动产，以提高自己的不动产的效益。

前款所称他人的不动产为供役地，自己的不动产为需役地。

第三百七十三条 【地役权合同】设立地役权，当事人应当采用书面形式订立地役权合同。

地役权合同一般包括下列条款：

（一）当事人的姓名或者名称和住所；

（二）供役地和需役地的位置；

（三）利用目的和方法；

（四）地役权期限；

（五）费用及其支付方式；

（六）解决争议的方法。

第三百七十四条 【地役权的设立与登记】地役权自地役权合同生效时设立。当事人要求登记的，可以向登记机构申请地役权登记；未经登记，不得对抗善意第三人。

第三百七十五条 【供役地权利人的义务】供役地权利人应当按照合同约定，允许地役权人利用其不动产，不得妨害地役权人行使权利。

第三百七十六条 【地役权人的权利义务】地役权人应当按照合同约定的利用目的和方法利用供役地，尽量减少对供役地权利人物权的限制。

第三百七十七条 【地役权期限】地役权期限由当事人约定；但是，不得超过土地承包经营权、建设用地使用权等用益物权的剩余期限。

第三百七十八条 【地役权的承继】土地所有权人享有地役权或者负担地役权的，设立土地承包经营权、宅基地使用权等用益物权时，该用益物权人继续享有或者负担已经设立的地役权。

第三百七十九条 【在先用益物权对地役权的限制】土地上已经设立土地承包经营权、建设用地使用权、宅基地使用权等用益物权的，未经用益物权人同意，土地所有权人不得设立地役权。

第三百八十条 【地役权的转让】地役权不得单独转让。土地承包经营权、建设用地使用权等转让的，地役权一并转让，但是合同另有约定的除外。

第三百八十一条 【地役权的抵押】地役权不得单独抵押。

土地经营权、建设用地使用权等抵押的,在实现抵押权时,地役权一并转让。

第三百八十二条　【地役权对需役地及其上权利的不可分性】需役地以及需役地上的土地承包经营权、建设用地使用权等部分转让时,转让部分涉及地役权的,受让人同时享有地役权。

第三百八十三条　【地役权对供役地及其上权利的不可分性】供役地以及供役地上的土地承包经营权、建设用地使用权等部分转让时,转让部分涉及地役权的,地役权对受让人具有法律约束力。

第三百八十四条　【地役权消灭】地役权人有下列情形之一的,供役地权利人有权解除地役权合同,地役权消灭：

（一）违反法律规定或者合同约定,滥用地役权；

（二）有偿利用供役地,约定的付款期限届满后在合理期限内经两次催告未支付费用。

第三百八十五条　【已登记地役权的变更、转让或消灭手续】已经登记的地役权变更、转让或者消灭的,应当及时办理变更登记或者注销登记。

第四分编　担 保 物 权

第十六章　一 般 规 定

第三百八十六条　【担保物权的定义】担保物权人在债务人不履行到期债务或者发生当事人约定的实现担保物权的情形,依法享有就担保财产优先受偿的权利,但是法律另有规定的除外。

第三百八十七条　【担保物权的适用范围和反担保】债权人

在借贷、买卖等民事活动中,为保障实现其债权,需要担保的,可以依照本法和其他法律的规定设立担保物权。

第三人为债务人向债权人提供担保的,可以要求债务人提供反担保。反担保适用本法和其他法律的规定。

第三百八十八条 【担保合同】设立担保物权,应当依照本法和其他法律的规定订立担保合同。担保合同包括抵押合同、质押合同和其他具有担保功能的合同。担保合同是主债权债务合同的从合同。主债权债务合同无效的,担保合同无效,但是法律另有规定的除外。

担保合同被确认无效后,债务人、担保人、债权人有过错的,应当根据其过错各自承担相应的民事责任。

第三百八十九条 【担保物权的担保范围】担保物权的担保范围包括主债权及其利息、违约金、损害赔偿金、保管担保财产和实现担保物权的费用。当事人另有约定的,按照其约定。

第三百九十条 【担保物权的物上代位性及代位物的提存】担保期间,担保财产毁损、灭失或者被征收等,担保物权人可以就获得的保险金、赔偿金或者补偿金等优先受偿。被担保债权的履行期限未届满的,也可以提存该保险金、赔偿金或者补偿金等。

第三百九十一条 【未经担保人同意转移债务的法律后果】第三人提供担保,未经其书面同意,债权人允许债务人转移全部或者部分债务的,担保人不再承担相应的担保责任。

第三百九十二条 【人保和物保并存时担保权的实行规则】被担保的债权既有物的担保又有人的担保的,债务人不履行到期债务或者发生当事人约定的实现担保物权的情形,债权人应当按照约定实现债权;没有约定或者约定不明确,债务人自己提供物的担保的,债权人应当先就该物的担保实现债权;第三人提供物的担保的,债权人可以就物的担保实现债权,也可以请求保证人承担保证责任。提供担保的第三人承担担保责任后,有权向债务人追偿。

第三百九十三条 【担保物权消灭事由】有下列情形之一的,担保物权消灭:

(一)主债权消灭;

(二)担保物权实现;

(三)债权人放弃担保物权;

(四)法律规定担保物权消灭的其他情形。

第十七章 抵 押 权

第一节 一般抵押权

第三百九十四条 【抵押权的定义】为担保债务的履行,债务人或者第三人不转移财产的占有,将该财产抵押给债权人的,债务人不履行到期债务或者发生当事人约定的实现抵押权的情形,债权人有权就该财产优先受偿。

前款规定的债务人或者第三人为抵押人,债权人为抵押权人,提供担保的财产为抵押财产。

第三百九十五条 【抵押财产的范围】债务人或者第三人有权处分的下列财产可以抵押:

(一)建筑物和其他土地附着物;

(二)建设用地使用权;

(三)海域使用权;

(四)生产设备、原材料、半成品、产品;

(五)正在建造的建筑物、船舶、航空器;

(六)交通运输工具；

(七)法律、行政法规未禁止抵押的其他财产。

抵押人可以将前款所列财产一并抵押。

第三百九十六条 【浮动抵押】企业、个体工商户、农业生产经营者可以将现有的以及将有的生产设备、原材料、半成品、产品抵押，债务人不履行到期债务或者发生当事人约定的实现抵押权的情形，债权人有权就抵押财产确定时的动产优先受偿。

第三百九十七条 【建筑物与建设用地使用权同时抵押规则】以建筑物抵押的，该建筑物占用范围内的建设用地使用权一并抵押。以建设用地使用权抵押的，该土地上的建筑物一并抵押。

抵押人未依据前款规定一并抵押的，未抵押的财产视为一并抵押。

第三百九十八条 【乡镇、村企业的建设用地使用权抵押限制】乡镇、村企业的建设用地使用权不得单独抵押。以乡镇、村企业的厂房等建筑物抵押的，其占用范围内的建设用地使用权一并抵押。

第三百九十九条 【禁止抵押的财产范围】下列财产不得抵押：

(一)土地所有权；

(二)宅基地、自留地、自留山等集体所有土地的使用权，但是法律规定可以抵押的除外；

(三)学校、幼儿园、医疗机构等为公益目的成立的非营利法人的教育设施、医疗卫生设施和其他公益设施；

(四)所有权、使用权不明或者有争议的财产；

(五)依法被查封、扣押、监管的财产；

(六)法律、行政法规规定不得抵押的其他财产。

第四百条 【抵押合同】设立抵押权,当事人应当采用书面形式订立抵押合同。

抵押合同一般包括下列条款:

(一)被担保债权的种类和数额;

(二)债务人履行债务的期限;

(三)抵押财产的名称、数量等情况;

(四)担保的范围。

第四百零一条 【流押】抵押权人在债务履行期限届满前,与抵押人约定债务人不履行到期债务时抵押财产归债权人所有的,只能依法就抵押财产优先受偿。

第四百零二条 【不动产抵押登记】以本法第三百九十五条第一款第一项至第三项规定的财产或者第五项规定的正在建造的建筑物抵押的,应当办理抵押登记。抵押权自登记时设立。

第四百零三条 【动产抵押的效力】以动产抵押的,抵押权自抵押合同生效时设立;未经登记,不得对抗善意第三人。

第四百零四条 【动产抵押权对抗效力的限制】以动产抵押的,不得对抗正常经营活动中已经支付合理价款并取得抵押财产的买受人。

第四百零五条 【抵押权与租赁权的关系】抵押权设立前,抵押财产已经出租并转移占有的,原租赁关系不受该抵押权的影响。

第四百零六条 【抵押财产的转让】抵押期间,抵押人可以转让抵押财产。当事人另有约定的,按照其约定。抵押财产转让的,抵押权不受影响。

抵押人转让抵押财产的,应当及时通知抵押权人。抵押权人能够证明抵押财产转让可能损害抵押权的,可以请求抵押人将转让所得的价款向抵押权人提前清偿债务或者提存。转让的价款超过债权数额的部分归抵押人所有,不足部分由债务人清偿。

第四百零七条 【抵押权处分的从属性】抵押权不得与债权分离而单独转让或者作为其他债权的担保。债权转让的,担保该债权的抵押权一并转让,但是法律另有规定或者当事人另有约定的除外。

第四百零八条 【抵押权的保护】抵押人的行为足以使抵押财产价值减少的,抵押权人有权请求抵押人停止其行为;抵押财产价值减少的,抵押权人有权请求恢复抵押财产的价值,或者提供与减少的价值相应的担保。抵押人不恢复抵押财产的价值,也不提供担保的,抵押权人有权请求债务人提前清偿债务。

第四百零九条 【抵押权及其顺位的处分】抵押权人可以放弃抵押权或者抵押权的顺位。抵押权人与抵押人可以协议变更抵押权顺位以及被担保的债权数额等内容。但是,抵押权的变更未经其他抵押权人书面同意的,不得对其他抵押权人产生不利影响。

债务人以自己的财产设定抵押,抵押权人放弃该抵押权、抵押权顺位或者变更抵押权的,其他担保人在抵押权人丧失优先受偿权益的范围内免除担保责任,但是其他担保人承诺仍然提供担保的除外。

第四百一十条 【抵押权的实现】债务人不履行到期债务或者发生当事人约定的实现抵押权的情形,抵押权人可以与抵押人协议以抵押财产折价或者以拍卖、变卖该抵押财产所得的价款优先受偿。协议损害其他债权人利益的,其他债权人可以请求人民法院撤销该协议。

抵押权人与抵押人未就抵押权实现方式达成协议的,抵押权人可以请求人民法院拍卖、变卖抵押财产。

抵押财产折价或者变卖的,应当参照市场价格。

第四百一十一条 【浮动抵押财产的确定】依据本法第三百

九十六条规定设定抵押的,抵押财产自下列情形之一发生时确定:

(一)债务履行期限届满,债权未实现;

(二)抵押人被宣告破产或者解散;

(三)当事人约定的实现抵押权的情形;

(四)严重影响债权实现的其他情形。

第四百一十二条 【抵押权对抵押财产孳息的效力】债务人不履行到期债务或者发生当事人约定的实现抵押权的情形,致使抵押财产被人民法院依法扣押的,自扣押之日起,抵押权人有权收取该抵押财产的天然孳息或者法定孳息,但是抵押权人未通知应当清偿法定孳息义务人的除外。

前款规定的孳息应当先充抵收取孳息的费用。

第四百一十三条 【抵押财产变价后的处理】抵押财产折价或者拍卖、变卖后,其价款超过债权数额的部分归抵押人所有,不足部分由债务人清偿。

第四百一十四条 【数个抵押权的清偿顺序】同一财产向两个以上债权人抵押的,拍卖、变卖抵押财产所得的价款依照下列规定清偿:

(一)抵押权已经登记的,按照登记的时间先后确定清偿顺序;

(二)抵押权已经登记的先于未登记的受偿;

(三)抵押权未登记的,按照债权比例清偿。

其他可以登记的担保物权,清偿顺序参照适用前款规定。

第四百一十五条 【抵押权与质权的清偿顺序】同一财产既设立抵押权又设立质权的,拍卖、变卖该财产所得的价款按照登记、交付的时间先后确定清偿顺序。

第四百一十六条 【动产购买价款抵押担保的优先权】动产抵押担保的主债权是抵押物的价款,标的物交付后十日内办理抵押登记的,该抵押权人优先于抵押物买受人的其他担保物权人受偿,但是留置权人除外。

第四百一十七条 【抵押权对新增建筑物的效力】建设用地使用权抵押后,该土地上新增的建筑物不属于抵押财产。该建设用地使用权实现抵押权时,应当将该土地上新增的建筑物与建设用地使用权一并处分。但是,新增建筑物所得的价款,抵押权人无权优先受偿。

第四百一十八条 【集体所有土地使用权抵押权的实行效果】以集体所有土地的使用权依法抵押的,实现抵押权后,未经法定程序,不得改变土地所有权的性质和土地用途。

第四百一十九条 【抵押权存续期间】抵押权人应当在主债权诉讼时效期间行使抵押权;未行使的,人民法院不予保护。

第二节 最高额抵押权

第四百二十条 【最高额抵押权的定义】为担保债务的履行,债务人或者第三人对一定期间内将要连续发生的债权提供担保财产的,债务人不履行到期债务或者发生当事人约定的实现抵押权的情形,抵押权人有权在最高债权额限度内就该担保财产优先受偿。

最高额抵押权设立前已经存在的债权,经当事人同意,可以转入最高额抵押担保的债权范围。

第四百二十一条 【最高额抵押权担保的债权转让】最高额抵押担保的债权确定前,部分债权转让的,最高额抵押权不得转让,但是当事人另有约定的除外。

第四百二十二条 【最高额抵押合同条款变更】最高额抵押担保的债权确定前,抵押权人与抵押人可以通过协议变更债权确定的期间、债权范围以及最高债权额。但是,变更的内容不得对其他抵押权人产生不利影响。

第四百二十三条 【最高额抵押权所担保的债权确定】有下列情形之一的,抵押权人的债权确定:

(一)约定的债权确定期间届满;

(二)没有约定债权确定期间或者约定不明确,抵押权人或者抵押人自最高额抵押权设立之日起满二年后请求确定债权;

(三)新的债权不可能发生;

(四)抵押权人知道或者应当知道抵押财产被查封、扣押;

(五)债务人、抵押人被宣告破产或者解散;

(六)法律规定债权确定的其他情形。

第四百二十四条 【最高额抵押权的法律适用】最高额抵押权除适用本节规定外,适用本章第一节的有关规定。

第十八章 质　　权

第一节　动　产　质　权

第四百二十五条 【动产质权的定义】为担保债务的履行,债务人或者第三人将其动产出质给债权人占有的,债务人不履行到期债务或者发生当事人约定的实现质权的情形,债权人有权就该动产优先受偿。

前款规定的债务人或者第三人为出质人,债权人为质权人,交付的动产为质押财产。

第四百二十六条 【禁止质押的动产范围】法律、行政法规禁止转让的动产不得出质。

第四百二十七条 【质押合同】设立质权,当事人应当采用书面形式订立质押合同。

质押合同一般包括下列条款:

(一)被担保债权的种类和数额;

(二)债务人履行债务的期限;

(三)质押财产的名称、数量等情况;

(四)担保的范围;

(五)质押财产交付的时间、方式。

第四百二十八条 【流质】质权人在债务履行期限届满前,与出质人约定债务人不履行到期债务时质押财产归债权人所有的,只能依法就质押财产优先受偿。

第四百二十九条 【质权设立】质权自出质人交付质押财产时设立。

第四百三十条 【质权人孳息收取权及孳息首要清偿用途】质权人有权收取质押财产的孳息,但是合同另有约定的除外。

前款规定的孳息应当先充抵收取孳息的费用。

第四百三十一条 【质权人擅自使用、处分质押财产的责任】质权人在质权存续期间,未经出质人同意,擅自使用、处分质押财产,造成出质人损害的,应当承担赔偿责任。

第四百三十二条 【质权人的保管义务和赔偿责任】质权人负有妥善保管质押财产的义务;因保管不善致使质押财产毁损、灭失的,应当承担赔偿责任。

质权人的行为可能使质押财产毁损、灭失的,出质人可以请求质权人将质押财产提存,或者请求提前清偿债务并返还质押财产。

第四百三十三条 【质权的保护】因不可归责于质权人的事由可能使质押财产毁损或者价值明显减少,足以危害质权人权利的,质权人有权请求出质人提供相应的担保;出质人不提供的,质权人可以拍卖、变卖质押财产,并与出质人协议将拍卖、变卖所得的价款提前清偿债务或者提存。

第四百三十四条 【责任转质】质权人在质权存续期间,未经出质人同意转质,造成质押财产毁损、灭失的,应当承担赔偿责任。

第四百三十五条 【质权的放弃】质权人可以放弃质权。债务人以自己的财产出质,质权人放弃该质权的,其他担保人在质权人丧失优先受偿权益的范围内免除担保责任,但是其他担保人承诺仍然提供担保的除外。

第四百三十六条 【质物返还及质权实现】债务人履行债务或者出质人提前清偿所担保的债权的,质权人应当返还质押财产。

债务人不履行到期债务或者发生当事人约定的实现质权的情形,质权人可以与出质人协议以质押财产折价,也可以就拍卖、变卖质押财产所得的价款优先受偿。

质押财产折价或者变卖的,应当参照市场价格。

第四百三十七条 【质权的及时行使】出质人可以请求质权人在债务履行期限届满后及时行使质权;质权人不行使的,出质人可以请求人民法院拍卖、变卖质押财产。

出质人请求质权人及时行使质权,因质权人怠于行使权利造成出质人损害的,由质权人承担赔偿责任。

第四百三十八条 【质押财产变价后的处理】质押财产折价或者拍卖、变卖后,其价款超过债权数额的部分归出质人所有,不足部分由债务人清偿。

第四百三十九条 【最高额质权】出质人与质权人可以协议设立最高额质权。

最高额质权除适用本节有关规定外,参照适用本编第十七章第二节的有关规定。

第二节　权利质权

第四百四十条　【权利质权的范围】债务人或者第三人有权处分的下列权利可以出质:

(一)汇票、本票、支票;

(二)债券、存款单;

(三)仓单、提单;

(四)可以转让的基金份额、股权;

(五)可以转让的注册商标专用权、专利权、著作权等知识产权中的财产权;

(六)现有的以及将有的应收账款;

(七)法律、行政法规规定可以出质的其他财产权利。

第四百四十一条　【有价证券出质的质权的设立】以汇票、本票、支票、债券、存款单、仓单、提单出质的,质权自权利凭证交付质权人时设立;没有权利凭证的,质权自办理出质登记时设立。法律另有规定的,依照其规定。

第四百四十二条　【有价证券出质的质权的特别实现方式】汇票、本票、支票、债券、存款单、仓单、提单的兑现日期或者提货日期先于主债权到期的,质权人可以兑现或者提货,并与出质人协议将兑现的价款或者提取的货物提前清偿债务或者提存。

第四百四十三条　【以基金份额、股权出质的质权设立及转让限制】以基金份额、股权出质的,质权自办理出质登记时设立。

基金份额、股权出质后,不得转让,但是出质人与质权人协商同意的除外。出质人转让基金份额、股权所得的价款,应当向质权人提前清偿债务或者提存。

第四百四十四条 【以知识产权中的财产权出质的质权的设立及转让限制】以注册商标专用权、专利权、著作权等知识产权中的财产权出质的,质权自办理出质登记时设立。

知识产权中的财产权出质后,出质人不得转让或者许可他人使用,但是出质人与质权人协商同意的除外。出质人转让或者许可他人使用出质的知识产权中的财产权所得的价款,应当向质权人提前清偿债务或者提存。

第四百四十五条 【以应收账款出质的质权的设立及转让限制】以应收账款出质的,质权自办理出质登记时设立。

应收账款出质后,不得转让,但是出质人与质权人协商同意的除外。出质人转让应收账款所得的价款,应当向质权人提前清偿债务或者提存。

第四百四十六条 【权利质权的法律适用】权利质权除适用本节规定外,适用本章第一节的有关规定。

第十九章 留 置 权

第四百四十七条 【留置权的一般规定】债务人不履行到期债务,债权人可以留置已经合法占有的债务人的动产,并有权就该动产优先受偿。

前款规定的债权人为留置权人,占有的动产为留置财产。

第四百四十八条 【留置财产与债权的关系】债权人留置的动产,应当与债权属于同一法律关系,但是企业之间留置的除外。

第四百四十九条 【留置权适用范围限制】法律规定或者当事人约定不得留置的动产,不得留置。

第四百五十条 【留置财产为可分物的特殊规定】留置财产

为可分物的,留置财产的价值应当相当于债务的金额。

第四百五十一条 【留置权人的保管义务】留置权人负有妥善保管留置财产的义务;因保管不善致使留置财产毁损、灭失的,应当承担赔偿责任。

第四百五十二条 【留置权人收取孳息的权利】留置权人有权收取留置财产的孳息。

前款规定的孳息应当先充抵收取孳息的费用。

第四百五十三条 【留置权实现的一般规定】留置权人与债务人应当约定留置财产后的债务履行期限;没有约定或者约定不明确的,留置权人应当给债务人六十日以上履行债务的期限,但是鲜活易腐等不易保管的动产除外。债务人逾期未履行的,留置权人可以与债务人协议以留置财产折价,也可以就拍卖、变卖留置财产所得的价款优先受偿。

留置财产折价或者变卖的,应当参照市场价格。

第四百五十四条 【留置权债务人的请求权】债务人可以请求留置权人在债务履行期限届满后行使留置权;留置权人不行使的,债务人可以请求人民法院拍卖、变卖留置财产。

第四百五十五条 【留置权的实现】留置财产折价或者拍卖、变卖后,其价款超过债权数额的部分归债务人所有,不足部分由债务人清偿。

第四百五十六条 【留置权与抵押权或者质权竞合时的顺位原则】同一动产上已经设立抵押权或者质权,该动产又被留置的,留置权人优先受偿。

第四百五十七条 【留置权消灭原因】留置权人对留置财产丧失占有或者留置权人接受债务人另行提供担保的,留置权消灭。

第五分编 占 有

第二十章 占 有

第四百五十八条 【有权占有的法律适用】基于合同关系等产生的占有,有关不动产或者动产的使用、收益、违约责任等,按照合同约定;合同没有约定或者约定不明确的,依照有关法律规定。

第四百五十九条 【无权占有造成占有物损害的赔偿责任】占有人因使用占有的不动产或者动产,致使该不动产或者动产受到损害的,恶意占有人应当承担赔偿责任。

第四百六十条 【权利人的返还请求权和占有人的费用求偿权】不动产或者动产被占有人占有的,权利人可以请求返还原物及其孳息;但是,应当支付善意占有人因维护该不动产或者动产支出的必要费用。

第四百六十一条 【占有的不动产或动产毁损、灭失时占有人的责任】占有的不动产或者动产毁损、灭失,该不动产或者动产的权利人请求赔偿的,占有人应当将因毁损、灭失取得的保险金、赔偿金或者补偿金等返还给权利人;权利人的损害未得到足够弥补的,恶意占有人还应当赔偿损失。

第四百六十二条 【占有保护请求权】占有的不动产或者动产被侵占的,占有人有权请求返还原物;对妨害占有的行为,占有人有权请求排除妨害或者消除危险;因侵占或者妨害造成损害的,占有人有权依法请求损害赔偿。

占有人返还原物的请求权,自侵占发生之日起一年内未行使的,该请求权消灭。

中华人民共和国刑法（节录）

[1979年7月1日第五届全国人民代表大会第二次会议通过　1997年3月14日第八届全国人民代表大会第五次会议修订　根据1998年12月29日第九届全国人民代表大会常务委员会第六次会议通过的《关于惩治骗购外汇、逃汇和非法买卖外汇犯罪的决定》、1999年12月25日第九届全国人民代表大会常务委员会第十三次会议通过的《中华人民共和国刑法修正案》、2001年8月31日第九届全国人民代表大会常务委员会第二十三次会议通过的《中华人民共和国刑法修正案（二）》、2001年12月29日第九届全国人民代表大会常务委员会第二十五次会议通过的《中华人民共和国刑法修正案（三）》、2002年12月28日第九届全国人民代表大会常务委员会第三十一次会议通过的《中华人民共和国刑法修正案（四）》、2005年2月28日第十届全国人民代表大会常务委员会第十四次会议通过的《中华人民共和国刑法修正案（五）》、2006年6月29日第十届全国人民代表大会常务委员会第二十二次会议通过的《中华人民共和国刑法修正案（六）》、2009年2月28日第十一届全国人民代表大会常务委员会第七次会议通过的《中华人民共和国刑法修正案（七）》、2009年8月27日第十一届全国人民代表大会常务委员会第十次会议通过的《关于修改部分法

律的决定》、2011年2月25日第十一届全国人民代表大会常务委员会第十九次会议通过的《中华人民共和国刑法修正案(八)》、2015年8月29日第十二届全国人民代表大会常务委员会第十六次会议通过的《中华人民共和国刑法修正案(九)》、2017年11月4日第十二届全国人民代表大会常务委员会第三十次会议通过的《中华人民共和国刑法修正案(十)》、2020年12月26日第十三届全国人民代表大会常务委员会第二十四次会议通过的《中华人民共和国刑法修正案(十一)》和2023年12月29日第十四届全国人民代表大会常务委员会第七次会议通过的《中华人民共和国刑法修正案(十二)》修正①]

第二百二十八条　【非法转让、倒卖土地使用权罪】以牟利为目的,违反土地管理法规,非法转让、倒卖土地使用权,情节严重的,处三年以下有期徒刑或者拘役,并处或者单处非法转让、倒卖土地使用权价额百分之五以上百分之二十以下罚金;情节特别严重的,处三年以上七年以下有期徒刑,并处非法转让、倒卖土地使用权价额百分之五以上百分之二十以下罚金。

第二百七十条　【侵占罪】将代为保管的他人财物非法占为己有,数额较大,拒不退还的,处二年以下有期徒刑、拘役或者罚金;数额巨大或者有其他严重情节的,处二年以上五年以下有期徒刑,并处罚金。

将他人的遗忘物或者埋藏物非法占为己有,数额较大,拒不交出的,依照前款的规定处罚。

---

① 刑法、历次刑法修正案、涉及修改刑法的决定的施行日期,分别依据各法律所规定的施行日期确定。

本条罪,告诉的才处理。

第二百七十一条 【职务侵占罪】公司、企业或者其他单位的工作人员,利用职务上的便利,将本单位财物非法占为己有,数额较大的,处三年以下有期徒刑或者拘役,并处罚金;数额巨大的,处三年以上十年以下有期徒刑,并处罚金;数额特别巨大的,处十年以上有期徒刑或者无期徒刑,并处罚金。

【贪污罪】国有公司、企业或者其他国有单位中从事公务的人员和国有公司、企业或者其他国有单位委派到非国有公司、企业以及其他单位从事公务的人员有前款行为的,依照本法第三百八十二条、第三百八十三条的规定定罪处罚。

第二百七十二条 【挪用资金罪】公司、企业或者其他单位的工作人员,利用职务上的便利,挪用本单位资金归个人使用或者借贷给他人,数额较大、超过三个月未还的,或者虽未超过三个月,但数额较大、进行营利活动的,或者进行非法活动的,处三年以下有期徒刑或者拘役;挪用本单位资金数额巨大的,处三年以上七年以下有期徒刑;数额特别巨大的,处七年以上有期徒刑。

【挪用公款罪】国有公司、企业或者其他国有单位中从事公务的人员和国有公司、企业或者其他国有单位委派到非国有公司、企业以及其他单位从事公务的人员有前款行为的,依照本法第三百八十四条的规定定罪处罚。

有第一款行为,在提起公诉前将挪用的资金退还的,可以从轻或者减轻处罚。其中,犯罪较轻的,可以减轻或者免除处罚。

第三百四十二条 【非法占用农用地罪】违反土地管理法规,非法占用耕地、林地等农用地,改变被占用土地用途,数量较大,造成耕地、林地等农用地大量毁坏的,处五年以下有期徒刑或者拘役,并处或者单处罚金。

第三百四十二条之一 【破坏自然保护地罪】违反自然保护

地管理法规,在国家公园、国家级自然保护区进行开垦、开发活动或者修建建筑物,造成严重后果或者有其他恶劣情节的,处五年以下有期徒刑或者拘役,并处或者单处罚金。

有前款行为,同时构成其他犯罪的,依照处罚较重的规定定罪处罚。

第四百一十条 【非法批准征收、征用、占用土地罪;非法低价出让国有土地使用权罪】国家机关工作人员徇私舞弊,违反土地管理法规,滥用职权,非法批准征收、征用、占用土地,或者非法低价出让国有土地使用权,情节严重的,处三年以下有期徒刑或者拘役;致使国家或者集体利益遭受特别重大损失的,处三年以上七年以下有期徒刑。

基本农田保护条例

(1998年12月27日国务院令第257号公布 根据2011年1月8日国务院令第588号《关于废止和修改部分行政法规的决定》修订)

第一章 总　　则

第一条 为了对基本农田实行特殊保护,促进农业生产和社会经济的可持续发展,根据《中华人民共和国农业法》和《中华人民共和国土地管理法》,制定本条例。

第二条 国家实行基本农田保护制度。

本条例所称基本农田,是指按照一定时期人口和社会经济发展对农产品的需求,依据土地利用总体规划确定的不得占用的耕地。

本条例所称基本农田保护区,是指为对基本农田实行特殊保护而依据土地利用总体规划和按照法定程序确定的特定保护区域。

第三条 基本农田保护实行全面规划、合理利用、用养结合、严格保护的方针。

第四条 县级以上地方各级人民政府应当将基本农田保护工作纳入国民经济和社会发展计划,作为政府领导任期目标责任制的一项内容,并由上一级人民政府监督实施。

第五条 任何单位和个人都有保护基本农田的义务,并有权检举、控告侵占、破坏基本农田和其他违反本条例的行为。

第六条 国务院土地行政主管部门和农业行政主管部门按照国务院规定的职责分工,依照本条例负责全国的基本农田保护管理工作。

县级以上地方各级人民政府土地行政主管部门和农业行政主管部门按照本级人民政府规定的职责分工,依照本条例负责本行政区域内的基本农田保护管理工作。

乡(镇)人民政府负责本行政区域内的基本农田保护管理工作。

第七条 国家对在基本农田保护工作中取得显著成绩的单位和个人,给予奖励。

第二章 划 定

第八条 各级人民政府在编制土地利用总体规划时,应当将基本农田保护作为规划的一项内容,明确基本农田保护的布局安排、数量指标和质量要求。

县级和乡(镇)土地利用总体规划应当确定基本农田保护区。

第九条 省、自治区、直辖市划定的基本农田应当占本行政区域内耕地总面积的百分之八十以上,具体数量指标根据全国土地利用总体规划逐级分解下达。

第十条 下列耕地应当划入基本农田保护区,严格管理:

(一)经国务院有关主管部门或者县级以上地方人民政府批准确定的粮、棉、油生产基地内的耕地;

(二)有良好的水利与水土保持设施的耕地,正在实施改造计划以及可以改造的中、低产田;

(三)蔬菜生产基地;

(四)农业科研、教学试验田。

根据土地利用总体规划,铁路、公路等交通沿线,城市和村庄、集镇建设用地区周边的耕地,应当优先划入基本农田保护区;需要退耕还林、还牧、还湖的耕地,不应当划入基本农田保护区。

第十一条 基本农田保护区以乡(镇)为单位划区定界,由县级人民政府土地行政主管部门会同同级农业行政主管部门组织实施。

划定的基本农田保护区,由县级人民政府设立保护标志,予以公告,由县级人民政府土地行政主管部门建立档案,并抄送同级农业行政主管部门。任何单位和个人不得破坏或者擅自改变基本农田保护区的保护标志。

基本农田划区定界后,由省、自治区、直辖市人民政府组织土地行政主管部门和农业行政主管部门验收确认,或者由省、自治区人民政府授权设区的市、自治州人民政府组织土地行政主管部门和农业行政主管部门验收确认。

第十二条 划定基本农田保护区时,不得改变土地承包者的承包经营权。

第十三条 划定基本农田保护区的技术规程,由国务院土地行政主管部门会同国务院农业行政主管部门制定。

第三章 保　　护

第十四条 地方各级人民政府应当采取措施,确保土地利用总体规划确定的本行政区域内基本农田的数量不减少。

第十五条 基本农田保护区经依法划定后,任何单位和个人不得改变或者占用。国家能源、交通、水利、军事设施等重点建设项目选址确实无法避开基本农田保护区,需要占用基本农田,涉及农用地转用或者征收土地的,必须经国务院批准。

第十六条 经国务院批准占用基本农田的,当地人民政府应当按照国务院的批准文件修改土地利用总体规划,并补充划入数量和质量相当的基本农田。占用单位应当按照占多少、垦多少的原则,负责开垦与所占基本农田的数量与质量相当的耕地;没有条件开垦或者开垦的耕地不符合要求的,应当按照省、自治区、直辖市的规定缴纳耕地开垦费,专款用于开垦新的耕地。

占用基本农田的单位应当按照县级以上地方人民政府的要求,将所占用基本农田耕作层的土壤用于新开垦耕地、劣质地或者其他耕地的土壤改良。

第十七条 禁止任何单位和个人在基本农田保护区内建窑、建房、建坟、挖砂、采石、采矿、取土、堆放固体废弃物或者进行其他破坏基本农田的活动。

禁止任何单位和个人占用基本农田发展林果业和挖塘养鱼。

第十八条 禁止任何单位和个人闲置、荒芜基本农田。经国务院批准的重点建设项目占用基本农田的,满1年不使用而又可以耕种并收获的,应当由原耕种该幅基本农田的集体或者个人恢复耕种,也可以由用地单位组织耕种;1年以上未动工建设的,应当按照省、自治区、直辖市的规定缴纳闲置费;连续2年未使用的,经国务院批准,由县级以上人民政府无偿收回用地单位的土地使用权;该幅土地原为农民集体所有的,应当交由原农村集体经济组织恢复耕种,重新划入基本农田保护区。

承包经营基本农田的单位或者个人连续2年弃耕抛荒的,原发包单位应当终止承包合同,收回发包的基本农田。

第十九条 国家提倡和鼓励农业生产者对其经营的基本农田施用有机肥料,合理施用化肥和农药。利用基本农田从事农业生产的单位和个人应当保持和培肥地力。

第二十条 县级人民政府应当根据当地实际情况制定基本农田地力分等定级办法,由农业行政主管部门会同土地行政主管部门组织实施,对基本农田地力分等定级,并建立档案。

第二十一条 农村集体经济组织或者村民委员会应当定期评定基本农田地力等级。

第二十二条 县级以上地方各级人民政府农业行政主管部门应当逐步建立基本农田地力与施肥效益长期定位监测网点,定期向本级人民政府提出基本农田地力变化状况报告以及相应的地力保护措施,并为农业生产者提供施肥指导服务。

第二十三条 县级以上人民政府农业行政主管部门应当会同同级环境保护行政主管部门对基本农田环境污染进行监测和评价,并定期向本级人民政府提出环境质量与发展趋势的报告。

第二十四条 经国务院批准占用基本农田兴建国家重点建设项目的,必须遵守国家有关建设项目环境保护管理的规定。在建设项目环境影响报告书中,应当有基本农田环境保护方案。

第二十五条 向基本农田保护区提供肥料和作为肥料的城

市垃圾、污泥的,应当符合国家有关标准。

第二十六条 因发生事故或者其他突然性事件,造成或者可能造成基本农田环境污染事故的,当事人必须立即采取措施处理,并向当地环境保护行政主管部门和农业行政主管部门报告,接受调查处理。

第四章 监督管理

第二十七条 在建立基本农田保护区的地方,县级以上地方人民政府应当与下一级人民政府签订基本农田保护责任书;乡(镇)人民政府应当根据与县级人民政府签订的基本农田保护责任书的要求,与农村集体经济组织或者村民委员会签订基本农田保护责任书。

基本农田保护责任书应当包括下列内容:

(一)基本农田的范围、面积、地块;

(二)基本农田的地力等级;

(三)保护措施;

(四)当事人的权利与义务;

(五)奖励与处罚。

第二十八条 县级以上地方人民政府应当建立基本农田保护监督检查制度,定期组织土地行政主管部门、农业行政主管部门以及其他有关部门对基本农田保护情况进行检查,将检查情况书面报告上一级人民政府。被检查的单位和个人应当如实提供有关情况和资料,不得拒绝。

第二十九条 县级以上地方人民政府土地行政主管部门、农业行政主管部门对本行政区域内发生的破坏基本农田的行为,有权责令纠正。

第五章 法律责任

第三十条 违反本条例规定,有下列行为之一的,依照《中华人民共和国土地管理法》和《中华人民共和国土地管理法实施条例》的有关规定,从重给予处罚:

(一)未经批准或者采取欺骗手段骗取批准,非法占用基本农田的;

(二)超过批准数量,非法占用基本农田的;

(三)非法批准占用基本农田的;

(四)买卖或者以其他形式非法转让基本农田的。

第三十一条 违反本条例规定,应当将耕地划入基本农田保护区而不划入的,由上一级人民政府责令限期改正;拒不改正的,对直接负责的主管人员和其他直接责任人员依法给予行政处分或者纪律处分。

第三十二条 违反本条例规定,破坏或者擅自改变基本农田保护区标志的,由县级以上地方人民政府土地行政主管部门或者农业行政主管部门责令恢复原状,可以处 1000 元以下罚款。

第三十三条 违反本条例规定,占用基本农田建窑、建房、建坟、挖砂、采石、采矿、取土、堆放固体废弃物或者从事其他活动破坏基本农田,毁坏种植条件的,由县级以上人民政府土地行政主管部门责令改正或者治理,恢复原种植条件,处占用基本农田的耕地开垦费 1 倍以上 2 倍以下的罚款;构成犯罪的,依法追究刑事责任。

第三十四条 侵占、挪用基本农田的耕地开垦费,构成犯罪的,依法追究刑事责任;尚不构成犯罪的,依法给予行政处分或者纪律处分。

第六章 附 则

第三十五条 省、自治区、直辖市人民政府可以根据当地实际情况,将其他农业生产用地划为保护区。保护区内的其他农业生产用地的保护和管理,可以参照本条例执行。

第三十六条 本条例自1999年1月1日起施行。1994年8月18日国务院发布的《基本农田保护条例》同时废止。

违反土地管理规定
行为处分办法

(2008年5月9日监察部、人力资源和社会保障部、国土资源部令第15号公布 自2008年6月1日起施行)

第一条 为了加强土地管理,惩处违反土地管理规定的行为,根据《中华人民共和国土地管理法》、《中华人民共和国行政监察法》、《中华人民共和国公务员法》、《行政机关公务员处分条例》及其他有关法律、行政法规,制定本办法。

第二条 有违反土地管理规定行为的单位,其负有责任的领导人员和直接责任人员,以及有违反土地管理规定行为的个人,应当承担纪律责任,属于下列人员的(以下统称有关责任人员),由任免机关或者监察机关按照管理权限依法给予处分:

（一）行政机关公务员；

（二）法律、法规授权的具有公共事务管理职能的事业单位中经批准参照《中华人民共和国公务员法》管理的工作人员；

（三）行政机关依法委托的组织中除工勤人员以外的工作人员；

（四）企业、事业单位中由行政机关任命的人员。

法律、行政法规、国务院决定和国务院监察机关、国务院人力资源和社会保障部门制定的处分规章对违反土地管理规定行为的处分另有规定的，从其规定。

第三条　有下列行为之一的，对县级以上地方人民政府主要领导人员和其他负有责任的领导人员，给予警告或者记过处分；情节较重的，给予记大过或者降级处分；情节严重的，给予撤职处分：

（一）土地管理秩序混乱，致使一年度内本行政区域违法占用耕地面积占新增建设用地占用耕地总面积的比例达到15%以上或者虽然未达到15%，但造成恶劣影响或者其他严重后果的；

（二）发生土地违法案件造成严重后果的；

（三）对违反土地管理规定行为不制止、不组织查处的；

（四）对违反土地管理规定行为隐瞒不报、压案不查的。

第四条　行政机关在土地审批和供应过程中不执行或者违反国家土地调控政策，有下列行为之一的，对有关责任人员，给予记大过处分；情节较重的，给予降级或者撤职处分；情节严重的，给予开除处分：

（一）对国务院明确要求暂停土地审批仍不停止审批的；

（二）对国务院明确禁止供地的项目提供建设用地的。

第五条　行政机关及其公务员违反土地管理规定，滥用职权，非法批准征收、占用土地的，对有关责任人员，给予记过或者记大过处分;情节较重的,给予降级或者撤职处分;情节严重的,给予开除处分。

有前款规定行为,且有徇私舞弊情节的,从重处分。

第六条 行政机关及其公务员有下列行为之一的,对有关责任人员,给予记过或者记大过处分;情节较重的,给予降级或者撤职处分;情节严重的,给予开除处分:

(一)不按照土地利用总体规划确定的用途批准用地的;

(二)通过调整土地利用总体规划,擅自改变基本农田位置,规避建设占用基本农田由国务院审批规定的;

(三)没有土地利用计划指标擅自批准用地的;

(四)没有新增建设占用农用地计划指标擅自批准农用地转用的;

(五)批准以"以租代征"等方式擅自占用农用地进行非农业建设的。

第七条 行政机关及其公务员有下列行为之一的,对有关责任人员,给予警告或者记过处分;情节较重的,给予记大过或者降级处分;情节严重的,给予撤职处分:

(一)违反法定条件,进行土地登记、颁发或者更换土地证书的;

(二)明知建设项目用地涉嫌违反土地管理规定,尚未依法处理,仍为其办理用地审批、颁发土地证书的;

(三)在未按照国家规定的标准足额收缴新增建设用地土地有偿使用费前,下发用地批准文件的;

(四)对符合规定的建设用地申请或者土地登记申请,无正当理由不予受理或者超过规定期限未予办理的;

(五)违反法定程序批准征收、占用土地的。

第八条 行政机关及其公务员违反土地管理规定,滥用职权,非法低价或者无偿出让国有建设用地使用权的,对有关责任人员,给予记过或者记大过处分;情节较重的,给予降级或者撤职处分;情节严重的,给予开除处分。

有前款规定行为,且有徇私舞弊情节的,从重处分。

第九条 行政机关及其公务员在国有建设用地使用权出让中,有下列行为之一的,对有关责任人员,给予警告或者记过处分;情节较重的,给予记大过或者降级处分;情节严重的,给予撤职处分:

(一)应当采取出让方式而采用划拨方式或者应当招标拍卖挂牌出让而协议出让国有建设用地使用权的;

(二)在国有建设用地使用权招标拍卖挂牌出让中,采取与投标人、竞买人恶意串通,故意设置不合理的条件限制或者排斥潜在的投标人、竞买人等方式,操纵中标人、竞得人的确定或者出让结果的;

(三)违反规定减免或者变相减免国有建设用地使用权出让金的;

(四)国有建设用地使用权出让合同签订后,擅自批准调整土地用途、容积率等土地使用条件的;

(五)其他违反规定出让国有建设用地使用权的行为。

第十条 未经批准或者采取欺骗手段骗取批准,非法占用土地的,对有关责任人员,给予警告、记过或者记大过处分;情节较重的,给予降级或者撤职处分;情节严重的,给予开除处分。

第十一条 买卖或者以其他形式非法转让土地的,对有关责任人员,给予警告、记过或者记大过处分;情节较重的,给予降级或者撤职处分;情节严重的,给予开除处分。

第十二条 行政机关侵占、截留、挪用被征收土地单位的征地补偿费用和其他有关费用的,对有关责任人员,给予记大过处分;情节较重的,给予降级或者撤职处分;情节严重的,给予开除处分。

第十三条 行政机关在征收土地过程中,有下列行为之一的,对有关责任人员,给予警告或者记过处分;情节较重的,给予记大过或者降级处分;情节严重的,给予撤职处分:

(一)批准低于法定标准的征地补偿方案的;

(二)未按规定落实社会保障费用而批准征地的;

(三)未按期足额支付征地补偿费用的。

第十四条 县级以上地方人民政府未按期缴纳新增建设用地土地有偿使用费的,责令限期缴纳;逾期仍不缴纳的,对有关责任人员,给予记大过处分;情节较重的,给予降级或者撤职处分;情节严重的,给予开除处分。

第十五条 行政机关及其公务员在办理农用地转用或者土地征收申报、报批等过程中,有谎报、瞒报用地位置、地类、面积等弄虚作假行为,造成不良后果的,对有关责任人员,给予记过或者记大过处分;情节较重的,给予降级或者撤职处分;情节严重的,给予开除处分。

第十六条 国土资源行政主管部门及其工作人员有下列行为之一的,对有关责任人员,给予记过或者记大过处分;情节较重的,给予降级或者撤职处分;情节严重的,给予开除处分:

(一)对违反土地管理规定行为按规定应报告而不报告的;

(二)对违反土地管理规定行为不制止、不依法查处的;

(三)在土地供应过程中,因严重不负责任,致使国家利益遭受损失的。

第十七条 有下列情形之一的,应当从重处分:

(一)致使土地遭受严重破坏的;

(二)造成财产严重损失的;

（三）影响群众生产、生活，造成恶劣影响或者其他严重后果的。

第十八条 有下列情形之一的，应当从轻处分：

（一）主动交代违反土地管理规定行为的；

（二）保持或者恢复土地原貌的；

（三）主动纠正违反土地管理规定行为，积极落实有关部门整改意见的；

（四）主动退还违法违纪所得或者侵占、挪用的征地补偿安置费等有关费用的；

（五）检举他人重大违反土地管理规定行为，经查证属实的。

主动交代违反土地管理规定行为，并主动采取措施有效避免或者挽回损失的，应当减轻处分。

第十九条 任免机关、监察机关和国土资源行政主管部门建立案件移送制度。

任免机关、监察机关查处的土地违法违纪案件，依法应当由国土资源行政主管部门给予行政处罚的，应当将有关案件材料移送国土资源行政主管部门。国土资源行政主管部门应当依法及时查处，并将处理结果书面告知任免机关、监察机关。

国土资源行政主管部门查处的土地违法案件，依法应当给予处分，且本部门无权处理的，应当在作出行政处罚决定或者其他处理决定后10日内将有关案件材料移送任免机关或者监察机关。任免机关或者监察机关应当依法及时查处，并将处理结果书面告知国土资源行政主管部门。

第二十条 任免机关、监察机关和国土资源行政主管部门移送案件时要做到事实清楚、证据齐全、程序合法、手续完备。

移送的案件材料应当包括以下内容：

（一）本单位有关领导或者主管单位同意移送的意见；

（二）案件的来源及立案材料；

（三）案件调查报告；

（四）有关证据材料；

（五）其他需要移送的材料。

第二十一条　任免机关、监察机关或者国土资源行政主管部门应当移送而不移送案件的，由其上一级机关责令其移送。

第二十二条　有违反土地管理规定行为，应当给予党纪处分的，移送党的纪律检查机关处理；涉嫌犯罪的，移送司法机关依法追究刑事责任。

第二十三条　本办法由监察部、人力资源和社会保障部、国土资源部负责解释。

第二十四条　本办法自2008年6月1日起施行。

自然资源行政处罚办法

（2014年5月7日国土资源部令第60号公布　根据2020年3月20日自然资源部令第6号《关于第二批废止和修改的部门规章的决定》修正　2024年1月31日自然资源部令第12号修订）

第一章　总　　则

第一条　为规范自然资源行政处罚的实施，保障和监督自然资源主管部门依法履行职责，保护公民、法人或者其他组织的合法权益,根据《中华人民共和国行政处罚法》以及《中华人民共和国土地管理法》《中华人民共和国城市房地产管理法》《中华人民共和国矿产资源法》《中华人民共和国测绘法》《中华人民共和国城乡规划法》等自然资源管理法律法规,制定本办法。

第二条 县级以上自然资源主管部门依照法定职权和程序,对公民、法人或者其他组织违反土地、矿产、测绘地理信息、城乡规划等自然资源管理法律法规的行为实施行政处罚,适用本办法。

综合行政执法部门、乡镇人民政府、街道办事处等依法对公民、法人或者其他组织违反土地、矿产、测绘地理信息、城乡规划等自然资源法律法规的行为实施行政处罚,可以适用本办法。

第三条 自然资源主管部门实施行政处罚,遵循公正、公开的原则,做到事实清楚,证据确凿,定性准确,依据正确,程序合法,处罚适当。

第四条 自然资源行政处罚包括:
(一)警告、通报批评;
(二)罚款、没收违法所得、没收非法财物;
(三)暂扣许可证件、降低资质等级、吊销许可证件;
(四)责令停产停业;
(五)限期拆除在非法占用土地上的新建建筑物和其他设施;
(六)法律法规规定的其他行政处罚。

第五条 省级自然资源主管部门应当结合本地区社会经济发展的实际情况,依法制定行政处罚裁量基准,规范行使行政处罚裁量权,并向社会公布。

第二章 管辖和适用

第六条 土地、矿产、城乡规划违法案件由不动产所在地的县级自然资源主管部门管辖。

测绘地理信息违法案件由违法行为发生地的县级自然资源主管部门管辖。难以确定违法行为发生地的,可以由涉嫌违法的公民、法人或者其他组织的单位注册地、办公场所所在地、个人户籍所在地的县级自然资源主管部门管辖。

法律法规另有规定的除外。

第七条 自然资源部管辖全国范围内重大、复杂和法律法规规定应当由其管辖的自然资源违法案件。

前款规定的全国范围内重大、复杂的自然资源违法案件,是指:

(一)党中央、国务院要求自然资源部管辖的自然资源违法案件;

(二)跨省级行政区域的自然资源违法案件;

(三)自然资源部认为应当由其管辖的其他自然资源违法案件。

第八条 省级、市级自然资源主管部门管辖本行政区域内重大、复杂的,涉及下一级人民政府的和法律法规规定应当由其管辖的自然资源违法案件。

第九条 有下列情形之一的,上级自然资源主管部门有权管辖下级自然资源主管部门管辖的案件:

(一)下级自然资源主管部门应当立案而不予立案的;

(二)案情复杂,情节恶劣,有重大影响,需要由上级自然资源主管部门管辖的。

上级自然资源主管部门可以将本级管辖的案件交由下级自然资源主管部门管辖,但是法律法规规定应当由其管辖的除外。

第十条 两个以上自然资源主管部门都有管辖权的,由最先立案的自然资源主管部门管辖。

自然资源主管部门之间因管辖权发生争议的,应当协商解决。协商不成的,报请共同的上一级自然资源主管部门指定管辖;也可以直接由共同的上一级自然资源主管部门指定管辖。

上一级自然资源主管部门应当在收到指定管辖申请之日起七日内,作出管辖决定。

第十一条 自然资源主管部门发现违法案件不属于本部门管辖的,应当移送有管辖权的自然资源主管部门或者其他部门。

受移送的自然资源主管部门对管辖权有异议的,应当报请上一级自然资源主管部门指定管辖,不得再自行移送。

第十二条 自然资源主管部门实施行政处罚时,依照《中华人民共和国行政处罚法》第二十六条规定,可以向有关机关提出协助请求。

第十三条 违法行为涉嫌犯罪的,自然资源主管部门应当及时将案件移送司法机关。发现涉及国家公职人员违法犯罪问题线索的,应当及时移送监察机关。

自然资源主管部门应当与司法机关加强协调配合,建立健全案件移送制度,加强证据材料移交、接收衔接,完善案件处理信息通报机制。

第十四条 自然资源行政处罚当事人有违法所得,除依法应当退赔的外,应当予以没收。

违法所得是指实施自然资源违法行为所取得的款项,但可以扣除合法成本和投入,具体扣除办法由自然资源部另行规定。

第三章 立案、调查和审理

第十五条 自然资源主管部门发现公民、法人或者其他组织行为涉嫌违法的,应当及时核查。对正在实施的违法行为,应当依法及时下达责令停止违法行为通知书予以制止。

责令停止违法行为通知书应当记载下列内容：

（一）违法行为人的姓名或者名称；

（二）违法事实和依据；

（三）其他应当记载的事项。

第十六条 符合下列条件的，自然资源主管部门应当在发现违法行为后及时立案：

（一）有明确的行为人；

（二）有违反自然资源管理法律法规的事实；

（三）依照自然资源管理法律法规应当追究法律责任；

（四）属于本部门管辖；

（五）违法行为没有超过追诉时效。

违法行为轻微并及时纠正，没有造成危害后果的，可以不予立案。

第十七条 立案后，自然资源主管部门应当指定具有行政执法资格的承办人员，及时组织调查取证。

调查取证时，案件调查人员不得少于两人，并应当主动向当事人或者有关人员出示执法证件。当事人或者有关人员有权要求调查人员出示执法证件。调查人员不出示执法证件的，当事人或者有关人员有权拒绝接受调查或者检查。

当事人或者有关人员应当如实回答询问，并协助调查或者检查，不得拒绝或者阻挠。

第十八条 调查人员与案件有直接利害关系或者有其他关系可能影响公正执法的，应当回避。

当事人认为调查人员与案件有直接利害关系或者有其他关系可能影响公正执法的，有权申请回避。

当事人提出回避申请的，自然资源主管部门应当依法审查，由自然资源主管部门负责人决定。决定作出之前,不停止调查。

第十九条 自然资源主管部门进行调查取证,有权采取下列措施:

(一)要求被调查的单位或者个人提供有关文件和资料,并就与案件有关的问题作出说明;

(二)询问当事人以及相关人员,进入违法现场进行检查、勘测、拍照、录音、摄像,查阅和复印相关材料;

(三)依法可以采取的其他措施。

第二十条 当事人拒绝调查取证或者采取暴力、威胁的方式阻碍自然资源主管部门调查取证的,自然资源主管部门可以提请公安机关、检察机关、监察机关或者相关部门协助,并向本级人民政府或者上一级自然资源主管部门报告。

第二十一条 调查人员应当收集、调取与案件有关的书证、物证、视听资料、电子数据的原件、原物、原始载体;收集、调取原件、原物、原始载体确有困难的,可以收集、调取复印件、复制件、节录本、照片、录像等。声音资料应当附有该声音内容的文字记录。

第二十二条 证人证言应当符合下列要求:

(一)注明证人的姓名、年龄、性别、职业、住址、联系方式等基本情况;

(二)有与案件相关的事实;

(三)有证人的签名,不能签名的,应当按手印或者盖章;

(四)注明出具日期;

(五)附有居民身份证复印件等证明证人身份的文件。

第二十三条 当事人请求自行提供陈述材料的,应当准许。必要时,调查人员也可以要求当事人自行书写。当事人应当在其提供的陈述材料上签名、按手印或者盖章。

第二十四条　询问应当个别进行,并制作询问笔录。询问笔录应当记载询问的时间、地点和询问情况等。

第二十五条　现场勘验一般由案件调查人员实施,也可以委托有资质的单位实施。现场勘验应当通知当事人到场,制作现场勘验笔录,必要时可以采取拍照、录像或者其他方式记录现场情况。

无法找到当事人或者当事人拒不到场、当事人拒绝签名或盖章的,调查人员应当在笔录中注明事由,可以邀请有关基层组织的代表见证。

第二十六条　为查明事实,需要对案件中的有关问题进行认定或者鉴定的,自然资源主管部门可以根据实际情况出具认定意见,也可以委托具有相应资质的机构出具鉴定意见。

第二十七条　因不可抗力、意外事件等致使案件暂时无法调查的,经自然资源主管部门负责人批准,中止调查。中止调查情形消失,自然资源主管部门应当及时恢复调查。自然资源主管部门作出调查中止和恢复调查决定的,应当以书面形式在三个工作日内告知当事人。

第二十八条　有下列情形之一的,经自然资源主管部门负责人批准,终止调查:

(一)调查过程中,发现违法事实不成立的;

(二)违法行为已过行政处罚追诉时效的;

(三)不属于本部门管辖,需要向其他部门移送的;

(四)其他应当终止调查的情形。

第二十九条　案件调查终结,案件承办人员应当提交调查报告。调查报告应当包括当事人的基本情况、违法事实以及法律依据、相关证据、违法性质、违法情节、违法后果,并提出依法是否应当给予行政处罚以及给予何种行政处罚的处理意见。

涉及需要追究党纪、政务或者刑事责任的,应当提出移送有权机关的建议。

第三十条 自然资源主管部门在审理案件调查报告时,应当就下列事项进行审理:

(一)是否符合立案条件;

(二)违法主体是否认定准确;

(三)事实是否清楚、证据是否确凿;

(四)定性是否准确;

(五)适用法律是否正确;

(六)程序是否合法;

(七)拟定的处理意见是否适当;

(八)其他需要审理的内容和事项。

经审理发现调查报告存在问题的,可以要求调查人员重新调查或者补充调查。

第四章 决　　定

第三十一条 审理结束后,自然资源主管部门根据不同情况,分别作出下列决定:

(一)违法事实清楚、证据确凿、依据正确、调查审理符合法定程序的,作出行政处罚决定;

(二)违法行为轻微,依法可以不给予行政处罚的,不予行政处罚;

(三)初次违法且危害后果轻微并及时改正的,可以不予行政处罚;

(四)违法事实不能成立的,不予行政处罚;

(五)违法行为涉及需要追究党纪、政务或者刑事责任的,移送有权机关。

对情节复杂或者重大违法行为给予行政处罚,行政机关负责人应当集体讨论决定。

第三十二条 在自然资源主管部门作出重大行政处罚决定前,应当进行法制审核;未经法制审核或者审核未通过的,自然资源主管部门不得作出决定。

自然资源行政处罚法制审核适用《自然资源执法监督规定》。

第三十三条 违法行为依法需要给予行政处罚的,自然资源主管部门应当制作行政处罚告知书,告知当事人拟作出的行政处罚内容及事实、理由、依据,以及当事人依法享有的陈述、申辩权利,按照法律规定的方式,送达当事人。

当事人要求陈述和申辩的,应当在收到行政处罚告知书后五日内提出。口头形式提出的,案件承办人员应当制作笔录。

第三十四条 拟作出下列行政处罚决定的,自然资源主管部门应当制作行政处罚听证告知书,按照法律规定的方式,送达当事人:

(一)较大数额罚款;

(二)没收违法用地上的新建建筑物和其他设施;

(三)没收较大数额违法所得、没收较大价值非法财物;

(四)限期拆除在非法占用土地上的新建建筑物和其他设施;

(五)暂扣许可证件、降低资质等级、吊销许可证件;

(六)责令停产停业;

(七)其他较重的行政处罚;

(八)法律、法规、规章规定的其他情形。

当事人要求听证的,应当在收到行政处罚听证告知书后五日内提出。自然资源行政处罚听证的其他规定,适用《自然资源听证规定》。

第三十五条 当事人未在规定时间内陈述、申辩或者要求听证的,以及陈述、申辩或者听证中提出的事实、理由或者证据不成立的,自然资源主管部门应当依法制作行政处罚决定书,并按照法律规定的方式,送达当事人。

行政处罚决定书中应当记载行政处罚告知、当事人陈述、申辩或者听证的情况,并加盖作出处罚决定的自然资源主管部门的印章。

行政处罚决定书一经送达,即发生法律效力。当事人对行政处罚决定不服申请行政复议或者提起行政诉讼的,行政处罚不停止执行,法律另有规定的除外。

第三十六条 法律法规规定的责令改正或者责令限期改正,可以与行政处罚决定一并作出,也可以在作出行政处罚决定之前单独作出。

第三十七条 当事人有两个以上自然资源违法行为的,自然资源主管部门可以制作一份行政处罚决定书,合并执行。行政处罚决定书应当明确对每个违法行为的处罚内容和合并执行的内容。

违法行为有两个以上当事人的,可以并列当事人分别作出行政处罚决定,制作一式多份行政处罚决定书,分别送达当事人。行政处罚决定书应当明确给予每个当事人的处罚内容。

第三十八条 自然资源主管部门应当自立案之日起九十日内作出行政处罚决定;案情复杂不能在规定期限内作出行政处罚决定的,经本级自然资源主管部门负责人批准,可以适当延长,但延长期限不得超过三十日,案情特别复杂的除外。

案件办理过程中,鉴定、听证、公告、邮递在途等时间不计入前款规定的期限;涉嫌犯罪移送的,等待公安机关、检察机关作出决定的时间,不计入前款规定的期限。

第三十九条　自然资源主管部门应当依法公开具有一定社会影响的行政处罚决定。

公开的行政处罚决定被依法变更、撤销、确认违法或者确认无效的，自然资源主管部门应当在三日内撤回行政处罚决定信息并公开说明理由。

第五章　执　　行

第四十条　行政处罚决定生效后，当事人逾期不履行的，自然资源主管部门除采取法律法规规定的措施外，还可以采取以下措施：

（一）向本级人民政府和上一级自然资源主管部门报告；

（二）向当事人所在单位或者其上级主管部门抄送；

（三）依照法律法规停止办理或者告知相关部门停止办理当事人与本案有关的许可、审批、登记等手续。

第四十一条　自然资源主管部门申请人民法院强制执行前，有充分理由认为被执行人可能逃避执行的，可以申请人民法院采取财产保全措施。

第四十二条　当事人确有经济困难，申请延期或者分期缴纳罚款的，经作出处罚决定的自然资源主管部门批准，可以延期或者分期缴纳罚款。

第四十三条　自然资源主管部门作出没收矿产品、建筑物或者其他设施的行政处罚决定后，应当在行政处罚决定生效后九十日内移交本级人民政府或者其指定的部门依法管理和处置。法律法规另有规定的，从其规定。

第四十四条　自然资源主管部门申请人民法院强制执行前，应当催告当事人履行义务。

当事人在法定期限内不申请行政复议或者提起行政诉讼，又不履行的，自然资源主管部门可以自期限届满之日起三个月内，向有管辖权的人民法院申请强制执行。

第四十五条 自然资源主管部门向人民法院申请强制执行，应当提供下列材料：

（一）强制执行申请书；

（二）行政处罚决定书及作出决定的事实、理由和依据；

（三）当事人的意见以及催告情况；

（四）申请强制执行标的情况；

（五）法律法规规定的其他材料。

强制执行申请书应当加盖自然资源主管部门的印章。

第四十六条 符合下列条件之一的，经自然资源主管部门负责人批准，案件结案：

（一）案件已经移送管辖的；

（二）终止调查的；

（三）决定不予行政处罚的；

（四）执行完毕的；

（五）终结执行的；

（六）已经依法申请人民法院或者人民政府强制执行；

（七）其他应当结案的情形。

涉及需要移送有关部门追究党纪、政务或者刑事责任的，应当在结案前移送。

第四十七条 自然资源主管部门应当依法以文字、音像等形式，对行政处罚的启动、调查取证、审核、决定、送达、执行等进行全过程记录，归档保存。

第六章　监督管理

第四十八条　自然资源主管部门应当通过定期或者不定期检查等方式,加强对下级自然资源主管部门实施行政处罚工作的监督,并将发现和制止违法行为、依法实施行政处罚等情况作为监督检查的重点内容。

第四十九条　自然资源主管部门应当建立重大违法案件挂牌督办制度。

省级以上自然资源主管部门可以对符合下列情形之一的违法案件挂牌督办,公开督促下级自然资源主管部门限期办理,向社会公开处理结果,接受社会监督:

(一)违反城乡规划和用途管制,违法突破耕地和永久基本农田、生态保护红线、城镇开发边界等控制线,造成严重后果的;

(二)违法占用耕地,特别是占用永久基本农田面积较大、造成种植条件严重毁坏的;

(三)违法批准征占土地、违法批准建设、违法批准勘查开采矿产资源,造成严重后果的;

(四)严重违反国家土地供应政策、土地市场政策,以及严重违法开发利用土地的;

(五)违法勘查开采矿产资源,情节严重或者造成生态环境严重损害的;

(六)严重违反测绘地理信息管理法律法规的;

(七)隐瞒不报、压案不查、久查不决、屡查屡犯,造成恶劣社会影响的;

(八)需要挂牌督办的其他情形。

第五十条　自然资源主管部门应当建立重大违法案件公开

通报制度,将案情和处理结果向社会公开通报并接受社会监督。

第五十一条 自然资源主管部门应当建立违法案件统计制度。下级自然资源主管部门应当定期将本行政区域内的违法形势分析、案件发生情况、查处情况等逐级上报。

第五十二条 自然资源主管部门应当建立自然资源违法案件错案追究制度。行政处罚决定错误并造成严重后果的,作出处罚决定的机关应当承担相应的责任。

第五十三条 自然资源主管部门应当配合有关部门加强对行政处罚实施过程中的社会稳定风险防控。

第七章 法律责任

第五十四条 县级以上自然资源主管部门直接负责的主管人员和其他直接责任人员,违反本办法规定,有下列情形之一,致使公民、法人或者其他组织的合法权益、公共利益和社会秩序遭受损害的,应当依法给予处分:

(一)对违法行为未依法制止的;

(二)应当依法立案查处,无正当理由未依法立案查处的;

(三)在制止以及查处违法案件中受阻,依照有关规定应当向本级人民政府或者上级自然资源主管部门报告而未报告的;

(四)应当依法给予行政处罚而未依法处罚的;

(五)应当依法申请强制执行、移送有关机关追究责任,而未依法申请强制执行、移送有关机关的;

(六)其他徇私枉法、滥用职权、玩忽职守的情形。

第八章 附 则

第五十五条 依法经书面委托的自然资源主管部门执法队

伍在受委托范围内,以委托机关的名义对公民、法人或者其他组织违反土地、矿产、测绘地理信息、城乡规划等自然资源法律法规的行为实施行政处罚,适用本办法。

第五十六条　自然资源行政处罚法律文书格式,由自然资源部统一制定。

第五十七条　本办法中"三日"、"五日"、"七日"、"十日"指工作日,不含法定节假日。

第五十八条　本办法自2024年5月1日起施行。

自然资源执法监督规定

(2017年12月27日国土资源部令第79号公布　根据2020年3月20日自然资源部令第6号《关于第二批废止和修改的部门规章的决定》修正)

第一条　为了规范自然资源执法监督行为,依法履行自然资源执法监督职责,切实保护自然资源,维护公民、法人和其他组织的合法权益,根据《中华人民共和国土地管理法》《中华人民共和国矿产资源法》等法律法规,制定本规定。

第二条　本规定所称自然资源执法监督,是指县级以上自然资源主管部门依照法定职权和程序,对公民、法人和其他组织违反自然资源法律法规的行为进行检查、制止和查处的行政执法活动。

第三条　自然资源执法监督,遵循依法、规范、严格、公正、文明的原则。

第四条 县级以上自然资源主管部门应当强化遥感监测、视频监控等科技和信息化手段的应用,明确执法工作技术支撑机构。可以通过购买社会服务等方式提升执法监督效能。

第五条 对在执法监督工作中认真履行职责,依法执行公务成绩显著的自然资源主管部门及其执法人员,由上级自然资源主管部门给予通报表扬。

第六条 任何单位和个人发现自然资源违法行为,有权向县级以上自然资源主管部门举报。接到举报的自然资源主管部门应当依法依规处理。

第七条 县级以上自然资源主管部门依照法律法规规定,履行下列执法监督职责:

(一)对执行和遵守自然资源法律法规的情况进行检查;

(二)对发现的违反自然资源法律法规的行为进行制止,责令限期改正;

(三)对涉嫌违反自然资源法律法规的行为进行调查;

(四)对违反自然资源法律法规的行为依法实施行政处罚和行政处理;

(五)对违反自然资源法律法规依法应当追究国家工作人员责任的,依照有关规定移送监察机关或者有关机关处理;

(六)对违反自然资源法律法规涉嫌犯罪的,将案件移送有关机关;

(七)法律法规规定的其他职责。

第八条 县级以上地方自然资源主管部门根据工作需要,可以委托自然资源执法监督队伍行使执法监督职权。具体职权范围由委托机关决定。

上级自然资源主管部门应当加强对下级自然资源主管部门

行政执法行为的监督和指导。

第九条 县级以上地方自然资源主管部门应当加强与人民法院、人民检察院和公安机关的沟通和协作,依法配合有关机关查处涉嫌自然资源犯罪的行为。

第十条 从事自然资源执法监督的工作人员应当具备下列条件:

(一)具有较高的政治素质,忠于职守、秉公执法、清正廉明;

(二)熟悉自然资源法律法规和相关专业知识;

(三)取得执法证件。

第十一条 自然资源执法人员依法履行执法监督职责时,应当主动出示执法证件,并且不得少于2人。

第十二条 县级以上自然资源主管部门可以组织特邀自然资源监察专员参与自然资源执法监督活动,为自然资源执法监督工作提供意见和建议。

第十三条 市、县自然资源主管部门可以根据工作需要,聘任信息员、协管员,收集自然资源违法行为信息,协助及时发现自然资源违法行为。

第十四条 县级以上自然资源主管部门履行执法监督职责,依法可以采取下列措施:

(一)要求被检查的单位或者个人提供有关文件和资料,进行查阅或者予以复制;

(二)要求被检查的单位或者个人就有关问题作出说明,询问违法案件的当事人、嫌疑人和证人;

(三)进入被检查单位或者个人违法现场进行勘测、拍照、录音和摄像等;

(四)责令当事人停止正在实施的违法行为,限期改正;

(五)对当事人拒不停止违法行为的,应当将违法事实书面报告本级人民政府和上一级自然资源主管部门，也可以提请本级人民政府协调有关部门和单位采取相关措施；

（六）对涉嫌违反自然资源法律法规的单位和个人，依法暂停办理其与该行为有关的审批或者登记发证手续；

（七）对执法监督中发现有严重违反自然资源法律法规，自然资源管理秩序混乱，未积极采取措施消除违法状态的地区，其上级自然资源主管部门可以建议本级人民政府约谈该地区人民政府主要负责人；

（八）执法监督中发现有地区存在违反自然资源法律法规的苗头性或者倾向性问题，可以向该地区的人民政府或者自然资源主管部门进行反馈，提出执法监督建议；

（九）法律法规规定的其他措施。

第十五条 县级以上地方自然资源主管部门应当按照有关规定保障自然资源执法监督工作的经费、车辆、装备等必要条件，并为执法人员提供人身意外伤害保险等职业风险保障。

第十六条 市、县自然资源主管部门应当建立执法巡查、抽查制度，组织开展巡查、抽查活动，发现、报告和依法制止自然资源违法行为。

第十七条 自然资源部在全国部署开展自然资源卫片执法监督。

省级自然资源主管部门按照自然资源部的统一部署，组织所辖行政区域内的市、县自然资源主管部门开展自然资源卫片执法监督，并向自然资源部报告结果。

第十八条 省级以上自然资源主管部门实行自然资源违法案件挂牌督办和公开通报制度。

第十九条 对上级自然资源主管部门交办的自然资源违法案件，下级自然资源主管部门拖延办理的，上级自然资源主管部门可以发出督办通知,责令限期办理;必要时,可以派员督办或者挂牌督办。

第二十条 县级以上自然资源主管部门实行行政执法全过程记录制度。根据情况可以采取下列记录方式,实现全过程留痕和可回溯管理:

(一)将行政执法文书作为全过程记录的基本形式;

(二)对现场检查、随机抽查、调查取证、听证、行政强制、送达等容易引发争议的行政执法过程,进行音像记录;

(三)对直接涉及重大财产权益的现场执法活动和执法场所,进行音像记录;

(四)对重大、复杂、疑难的行政执法案件,进行音像记录;

(五)其他对当事人权利义务有重大影响的,进行音像记录。

第二十一条 县级以上自然资源主管部门实行重大行政执法决定法制审核制度。在作出重大行政处罚决定前,由该部门的法制工作机构对拟作出决定的合法性、适当性进行审核。未经法制审核或者审核未通过的,不得作出决定。

重大行政处罚决定,包括没收违法采出的矿产品、没收违法所得、没收违法建筑物、限期拆除违法建筑物、吊销勘查许可证或者采矿许可证、地质灾害防治单位资质、测绘资质等行政处罚决定等。

第二十二条 县级以上自然资源主管部门的执法监督机构提请法制审核的,应当提交以下材料:

(一)拟作出的处罚决定情况说明;

(二)案件调查报告;

(三)法律法规规章依据;

(四)相关的证据材料;

(五)需要提供的其他相关材料。

第二十三条 法制审核原则上采取书面审核的方式,审核以下内容:

(一)执法主体是否合法;

(二)是否超越本机关执法权限;

(三)违法定性是否准确;

(四)法律适用是否正确;

(五)程序是否合法;

(六)行政裁量权行使是否适当;

(七)行政执法文书是否完备规范;

(八)违法行为是否涉嫌犯罪、需要移送司法机关等;

(九)其他需要审核的内容。

第二十四条 县级以上自然资源主管部门的法制工作机构自收到送审材料之日起 5 个工作日内完成审核。情况复杂需要进一步调查研究的,可以适当延长,但延长期限不超过 10 个工作日。

经过审核,对拟作出的重大行政处罚决定符合本规定第二十八条的,法制工作机构出具通过法制审核的书面意见;对不符合规定的,不予通过法制审核。

第二十五条 县级以上自然资源主管部门实行行政执法公示制度。县级以上自然资源主管部门建立行政执法公示平台,依法及时向社会公开下列信息,接受社会公众监督:

(一)本部门执法查处的法律依据、管辖范围、工作流程、救济方式等相关规定;

(二)本部门自然资源执法证件持有人姓名、编号等信息;

(三)本部门作出的生效行政处罚决定和行政处理决定;

(四)本部门公开挂牌督办案件处理结果;

(五)本部门认为需要公开的其他执法监督事项。

第二十六条　有下列情形之一的，县级以上自然资源主管部门及其执法人员，应当采取相应处置措施，履行执法监督职责：

（一）对于下达《责令停止违法行为通知书》后制止无效的，及时报告本级人民政府和上一级自然资源主管部门；

（二）依法没收建筑物或者其他设施，没收后应当及时向有关部门移交；

（三）发现违法线索需要追究刑事责任的，应当依法向有关部门移送违法犯罪线索；

（四）依法申请人民法院强制执行，人民法院不予受理的，应当作出明确记录。

第二十七条　上级自然资源主管部门应当通过检查、抽查等方式，评议考核下级自然资源主管部门执法监督工作。

评议考核结果应当在适当范围内予以通报，并作为年度责任目标考核、评优、奖惩的重要依据，以及干部任用的重要参考。

评议考核不合格的，上级自然资源主管部门可以对其主要负责人进行约谈，责令限期整改。

第二十八条　县级以上自然资源主管部门实行错案责任追究制度。自然资源执法人员在查办自然资源违法案件过程中，因过错造成损害后果的，所在的自然资源主管部门应当予以纠正，并依照有关规定追究相关人员的过错责任。

第二十九条　县级以上自然资源主管部门及其执法人员有下列情形之一，致使公共利益或者公民、法人和其他组织的合法权益遭受重大损害的，应当依法给予处分：

（一）对发现的自然资源违法行为未依法制止的；

（二）应当依法立案查处，无正当理由，未依法立案查处的；

（三）已经立案查处，依法应当申请强制执行、移送有关机关追究责任，无正当理由，未依法申请强制执行、移送有关机关的。

第三十条　县级以上自然资源主管部门及其执法人员有下列情形之一的,应当依法给予处分;构成犯罪的,依法追究刑事责任:

(一)伪造、销毁、藏匿证据,造成严重后果的;

(二)篡改案件材料,造成严重后果的;

(三)不依法履行职责,致使案件调查、审核出现重大失误的;

(四)违反保密规定,向案件当事人泄露案情,造成严重后果的;

(五)越权干预案件调查处理,造成严重后果的;

(六)有其他徇私舞弊、玩忽职守、滥用职权行为的。

第三十一条　阻碍自然资源主管部门依法履行执法监督职责,对自然资源执法人员进行威胁、侮辱、殴打或者故意伤害,构成违反治安管理行为的,依法给予治安管理处罚;构成犯罪的,依法追究刑事责任。

第三十二条　本规定自2018年3月1日起施行。原国家土地管理局1995年6月12日发布的《土地监察暂行规定》同时废止。

农村土地承包合同管理办法

(2023年2月17日农业农村部令2023年第1号公布
自2023年5月1日起施行)

第一章　总　　则

第一条　为了规范农村土地承包合同的管理,维护承包合同当事人的合法权益,维护农村社会和谐稳定,根据《中华人民共和国农村土地承包法》等法律及有关规定,制定本办法。

第二条 农村土地承包经营应当巩固和完善以家庭承包经营为基础、统分结合的双层经营体制,保持农村土地承包关系稳定并长久不变。农村土地承包经营,不得改变土地的所有权性质。

第三条 农村土地承包经营应当依法签订承包合同。土地承包经营权自承包合同生效时设立。

承包合同订立、变更和终止的,应当开展土地承包经营权调查。

第四条 农村土地承包合同管理应当遵守法律、法规,保护土地资源的合理开发和可持续利用,依法落实耕地利用优先序。发包方和承包方应当依法履行保护农村土地的义务。

第五条 农村土地承包合同管理应当充分维护农民的财产权益,任何组织和个人不得剥夺和非法限制农村集体经济组织成员承包土地的权利。妇女与男子享有平等的承包农村土地的权利。

承包方承包土地后,享有土地承包经营权,可以自己经营,也可以保留土地承包权,流转其承包地的土地经营权,由他人经营。

第六条 农业农村部负责全国农村土地承包合同管理的指导。

县级以上地方人民政府农业农村主管(农村经营管理)部门负责本行政区域内农村土地承包合同管理。

乡(镇)人民政府负责本行政区域内农村土地承包合同管理。

第二章 承包方案

第七条 本集体经济组织成员的村民会议依法选举产生的

承包工作小组,应当依照法律、法规的规定拟订承包方案,并在本集体经济组织范围内公示不少于十五日。

承包方案应当依法经本集体经济组织成员的村民会议三分之二以上成员或者三分之二以上村民代表的同意。

承包方案由承包工作小组公开组织实施。

第八条 承包方案应当符合下列要求：

（一）内容合法；

（二）程序规范；

（三）保障农村集体经济组织成员合法权益；

（四）不得违法收回、调整承包地；

（五）法律、法规和规章规定的其他要求。

第九条 县级以上地方人民政府农业农村主管（农村经营管理）部门、乡（镇）人民政府农村土地承包管理部门应当指导制定承包方案,并对承包方案的实施进行监督,发现问题的,应当及时予以纠正。

第三章　承包合同的订立、变更和终止

第十条 承包合同应当符合下列要求：

（一）文本规范；

（二）内容合法；

（三）双方当事人签名、盖章或者按指印；

（四）法律、法规和规章规定的其他要求。

县级以上地方人民政府农业农村主管（农村经营管理）部门、乡（镇）人民政府农村土地承包管理部门应当依法指导发包方和承包方订立、变更或者终止承包合同,并对承包合同实施监督,发现不符合前款要求的,应当及时通知发包方更正。

第十一条　发包方和承包方应当采取书面形式签订承包合同。

承包合同一般包括以下条款：

（一）发包方、承包方的名称，发包方负责人和承包方代表的姓名、住所；

（二）承包土地的名称、坐落、面积、质量等级；

（三）承包方家庭成员信息；

（四）承包期限和起止日期；

（五）承包土地的用途；

（六）发包方和承包方的权利和义务；

（七）违约责任。

承包合同示范文本由农业农村部制定。

第十二条　承包合同自双方当事人签名、盖章或者按指印时成立。

第十三条　承包期内，出现下列情形之一的，承包合同变更：

（一）承包方依法分立或者合并的；

（二）发包方依法调整承包地的；

（三）承包方自愿交回部分承包地的；

（四）土地承包经营权互换的；

（五）土地承包经营权部分转让的；

（六）承包地被部分征收的；

（七）法律、法规和规章规定的其他情形。

承包合同变更的，变更后的承包期限不得超过承包期的剩余期限。

第十四条　承包期内，出现下列情形之一的，承包合同终止：

（一）承包方消亡的；

（二）承包方自愿交回全部承包地的；

(三)土地承包经营权全部转让的;
(四)承包地被全部征收的;
(五)法律、法规和规章规定的其他情形。

第十五条 承包地被征收、发包方依法调整承包地或者承包方消亡的,发包方应当变更或者终止承包合同。

除前款规定的情形外,承包合同变更、终止的,承包方向发包方提出申请,并提交以下材料:

(一)变更、终止承包合同的书面申请;
(二)原承包合同;
(三)承包方分立或者合并的协议,交回承包地的书面通知或者协议,土地承包经营权互换合同、转让合同等其他相关证明材料;
(四)具有土地承包经营权的全部家庭成员同意变更、终止承包合同的书面材料;
(五)法律、法规和规章规定的其他材料。

第十六条 省级人民政府农业农村主管部门可以根据本行政区域实际依法制定承包方分立、合并、消亡而导致承包合同变更、终止的具体规定。

第十七条 承包期内,因自然灾害严重毁损承包地等特殊情形对个别农户之间承包地需要适当调整的,发包方应当制定承包地调整方案,并应当经本集体经济组织成员的村民会议三分之二以上成员或者三分之二以上村民代表的同意。承包合同中约定不得调整的,按照其约定。

调整方案通过之日起二十个工作日内,发包方应当将调整方案报乡(镇)人民政府和县级人民政府农业农村主管(农村经营管理)部门批准。

乡(镇)人民政府应当于二十个工作日内完成调整方案的审

批，并报县级人民政府农业农村主管（农村经营管理）部门；县级人民政府农业农村主管（农村经营管理）部门应当于二十个工作日内完成调整方案的审批。乡（镇）人民政府、县级人民政府农业农村主管（农村经营管理）部门对违反法律、法规和规章规定的调整方案，应当及时通知发包方予以更正，并重新申请批准。

调整方案未经乡（镇）人民政府和县级人民政府农业农村主管（农村经营管理）部门批准的，发包方不得调整承包地。

第十八条　承包方自愿将部分或者全部承包地交回发包方的，承包方与发包方在该土地上的承包关系终止，承包期内其土地承包经营权部分或者全部消灭，并不得再要求承包土地。

承包方自愿交回承包地的，应当提前半年以书面形式通知发包方。承包方对其在承包地上投入而提高土地生产能力的，有权获得相应的补偿。交回承包地的其他补偿，由发包方和承包方协商确定。

第十九条　为了方便耕种或者各自需要，承包方之间可以互换属于同一集体经济组织的不同承包地块的土地承包经营权。

土地承包经营权互换的，应当签订书面合同，并向发包方备案。

承包方提交备案的互换合同，应当符合下列要求：

（一）互换双方是属于同一集体经济组织的农户；

（二）互换后的承包期限不超过承包期的剩余期限；

（三）法律、法规和规章规定的其他事项。

互换合同备案后，互换双方应当与发包方变更承包合同。

第二十条　经承包方申请和发包方同意，承包方可以将部分或者全部土地承包经营权转让给本集体经济组织的其他农户。

承包方转让土地承包经营权的，应当以书面形式向发包方提交申请。发包方同意转让的，承包方与受让方应当签订书面合同；发包方不同意转让的，应当于七日内向承包方书面说明理由。发包方无法定理由的，不得拒绝同意承包方的转让申请。未经发包方同意的，土地承包经营权转让合同无效。

土地承包经营权转让合同，应当符合下列要求：

（一）受让方是本集体经济组织的农户；

（二）转让后的承包期限不超过承包期的剩余期限；

（三）法律、法规和规章规定的其他事项。

土地承包经营权转让后，受让方应当与发包方签订承包合同。原承包方与发包方在该土地上的承包关系终止，承包期内其土地承包经营权部分或者全部消灭，并不得再要求承包土地。

第四章　承包档案和信息管理

第二十一条　承包合同管理工作中形成的，对国家、社会和个人有保存价值的文字、图表、声像、数据等各种形式和载体的材料，应当纳入农村土地承包档案管理。

县级以上地方人民政府农业农村主管（农村经营管理）部门、乡（镇）人民政府农村土地承包管理部门应当制定工作方案、健全档案工作管理制度、落实专项经费、指定工作人员、配备必要设施设备，确保农村土地承包档案完整与安全。

发包方应当将农村土地承包档案纳入村级档案管理。

第二十二条　承包合同管理工作中产生、使用和保管的数据，包括承包地权属数据、地理信息数据和其他相关数据等，应当纳入农村土地承包数据管理。

县级以上地方人民政府农业农村主管（农村经营管理）部门负责本行政区域内农村土地承包数据的管理，组织开展数据采集、使用、更新、保管和保密等工作，并向上级业务主管部门提交数据。

鼓励县级以上地方人民政府农业农村主管（农村经营管理）部门通过数据交换接口、数据抄送等方式与相关部门和机构实现承包合同数据互通共享，并明确使用、保管和保密责任。

第二十三条　县级以上地方人民政府农业农村主管（农村经营管理）部门应当加强农村土地承包合同管理信息化建设，按照统一标准和技术规范建立国家、省、市、县等互联互通的农村土地承包信息应用平台。

第二十四条　县级以上地方人民政府农业农村主管（农村经营管理）部门、乡（镇）人民政府农村土地承包管理部门应当利用农村土地承包信息应用平台，组织开展承包合同网签。

第二十五条　承包方、利害关系人有权依法查询、复制农村土地承包档案和农村土地承包数据的相关资料，发包方、乡（镇）人民政府农村土地承包管理部门、县级以上地方人民政府农业农村主管（农村经营管理）部门应当依法提供。

第五章　土地承包经营权调查

第二十六条　土地承包经营权调查，应当查清发包方、承包方的名称，发包方负责人和承包方代表的姓名、身份证号码、住所，承包方家庭成员，承包地块的名称、坐落、面积、质量等级、土地用途等信息。

第二十七条　土地承包经营权调查应当按照农村土地承包经营权调查规程实施，一般包括准备工作、权属调查、地块测量、审核公示、勘误修正、结果确认、信息入库、成果归档等。

农村土地承包经营权调查规程由农业农村部制定。

第二十八条　土地承包经营权调查的成果，应当符合农村土地承包经营权调查规程的质量要求,并纳入农村土地承包信息应用平台统一管理。

第二十九条　县级以上地方人民政府农业农村主管(农村经营管理)部门、乡(镇)人民政府农村土地承包管理部门依法组织开展本行政区域内的土地承包经营权调查。

土地承包经营权调查可以依法聘请具有相应资质的单位开展。

第六章　法律责任

第三十条　国家机关及其工作人员利用职权干涉承包合同的订立、变更、终止,给承包方造成损失的,应当依法承担损害赔偿等责任;情节严重的,由上级机关或者所在单位给予直接责任人员处分;构成犯罪的,依法追究刑事责任。

第三十一条　土地承包经营权调查、农村土地承包档案管理、农村土地承包数据管理和使用过程中发生的违法行为,根据相关法律法规的规定予以处罚;构成犯罪的,依法追究刑事责任。

第七章　附　　则

第三十二条　本办法所称农村土地,是指除林地、草地以外的,农民集体所有和国家所有依法由农民集体使用的耕地和其他依法用于农业的土地。

本办法所称承包合同,是指在家庭承包方式中,发包方和承包方依法签订的土地承包经营权合同。

第三十三条　本办法施行以前依法签订的承包合同继续有效。

第三十四条 本办法自 2023 年 5 月 1 日起施行。农业部 2003 年 11 月 14 日发布的《中华人民共和国农村土地承包经营权证管理办法》(农业部令第 33 号)同时废止。

农村土地经营权流转管理办法

(2021 年 1 月 26 日农业农村部令 2021 年第 1 号公布 自 2021 年 3 月 1 日起施行)

第一章 总 则

第一条 为了规范农村土地经营权(以下简称土地经营权)流转行为,保障流转当事人合法权益,加快农业农村现代化,维护农村社会和谐稳定,根据《中华人民共和国农村土地承包法》等法律及有关规定,制定本办法。

第二条 土地经营权流转应当坚持农村土地农民集体所有、农户家庭承包经营的基本制度,保持农村土地承包关系稳定并长久不变,遵循依法、自愿、有偿原则,任何组织和个人不得强迫或者阻碍承包方流转土地经营权。

第三条 土地经营权流转不得损害农村集体经济组织和利害关系人的合法权益,不得破坏农业综合生产能力和农业生态环境,不得改变承包土地的所有权性质及其农业用途,确保农地农用,优先用于粮食生产,制止耕地"非农化"、防止耕地"非粮化"。

第四条 土地经营权流转应当因地制宜、循序渐进,把握好流转、集中、规模经营的度，流转规模应当与城镇化进程和农村劳动力转移规模相适应，与农业科技进步和生产手段改进程度相适应，与农业社会化服务水平提高相适应，鼓励各地建立多种形式的土地经营权流转风险防范和保障机制。

第五条 农业农村部负责全国土地经营权流转及流转合同管理的指导。

县级以上地方人民政府农业农村主管（农村经营管理）部门依照职责，负责本行政区域内土地经营权流转及流转合同管理。

乡（镇）人民政府负责本行政区域内土地经营权流转及流转合同管理。

第二章　流转当事人

第六条 承包方在承包期限内有权依法自主决定土地经营权是否流转，以及流转对象、方式、期限等。

第七条 土地经营权流转收益归承包方所有，任何组织和个人不得擅自截留、扣缴。

第八条 承包方自愿委托发包方、中介组织或者他人流转其土地经营权的，应当由承包方出具流转委托书。委托书应当载明委托的事项、权限和期限等，并由委托人和受托人签字或者盖章。

没有承包方的书面委托，任何组织和个人无权以任何方式决定流转承包方的土地经营权。

第九条 土地经营权流转的受让方应当为具有农业经营能力或者资质的组织和个人。在同等条件下，本集体经济组织成员享有优先权。

第十条 土地经营权流转的方式、期限、价款和具体条件，由流转双方平等协商确定。流转期限届满后，受让方享有以同等条件优先续约的权利。

第十一条　受让方应当依照有关法律法规保护土地,禁止改变土地的农业用途。禁止闲置、荒芜耕地,禁止占用耕地建窑、建坟或者擅自在耕地上建房、挖砂、采石、采矿、取土等。禁止占用永久基本农田发展林果业和挖塘养鱼。

第十二条　受让方将流转取得的土地经营权再流转以及向金融机构融资担保的,应当事先取得承包方书面同意,并向发包方备案。

第十三条　经承包方同意,受让方依法投资改良土壤,建设农业生产附属、配套设施,及农业生产中直接用于作物种植和畜禽水产养殖设施的,土地经营权流转合同到期或者未到期由承包方依法提前收回承包土地时,受让方有权获得合理补偿。具体补偿办法可在土地经营权流转合同中约定或者由双方协商确定。

第三章　流 转 方 式

第十四条　承包方可以采取出租(转包)、入股或者其他符合有关法律和国家政策规定的方式流转土地经营权。

出租(转包),是指承包方将部分或者全部土地经营权,租赁给他人从事农业生产经营。

入股,是指承包方将部分或者全部土地经营权作价出资,成为公司、合作经济组织等股东或者成员,并用于农业生产经营。

第十五条　承包方依法采取出租(转包)、入股或者其他方式将土地经营权部分或者全部流转的,承包方与发包方的承包关系不变,双方享有的权利和承担的义务不变。

第十六条　承包方自愿将土地经营权入股公司发展农业产

业化经营的,可以采取优先股等方式降低承包方风险。公司解散时入股土地应当退回原承包方。

第四章 流转合同

第十七条 承包方流转土地经营权,应当与受让方在协商一致的基础上签订书面流转合同,并向发包方备案。

承包方将土地交由他人代耕不超过一年的,可以不签订书面合同。

第十八条 承包方委托发包方、中介组织或者他人流转土地经营权的,流转合同应当由承包方或者其书面委托的受托人签订。

第十九条 土地经营权流转合同一般包括以下内容:

(一)双方当事人的姓名或者名称、住所、联系方式等;

(二)流转土地的名称、四至、面积、质量等级、土地类型、地块代码等;

(三)流转的期限和起止日期;

(四)流转方式;

(五)流转土地的用途;

(六)双方当事人的权利和义务;

(七)流转价款或者股份分红,以及支付方式和支付时间;

(八)合同到期后地上附着物及相关设施的处理;

(九)土地被依法征收、征用、占用时有关补偿费的归属;

(十)违约责任。

土地经营权流转合同示范文本由农业农村部制定。

第二十条 承包方不得单方解除土地经营权流转合同,但受让方有下列情形之一的除外:

(一)擅自改变土地的农业用途;

（二）弃耕抛荒连续两年以上；

（三）给土地造成严重损害或者严重破坏土地生态环境；

（四）其他严重违约行为。

有以上情形，承包方在合理期限内不解除土地经营权流转合同的，发包方有权要求终止土地经营权流转合同。

受让方对土地和土地生态环境造成的损害应当依法予以赔偿。

第五章　流　转　管　理

第二十一条　发包方对承包方流转土地经营权、受让方再流转土地经营权以及承包方、受让方利用土地经营权融资担保的，应当办理备案，并报告乡（镇）人民政府农村土地承包管理部门。

第二十二条　乡（镇）人民政府农村土地承包管理部门应当向达成流转意向的双方提供统一文本格式的流转合同，并指导签订。流转合同中有违反法律法规的，应当及时予以纠正。

第二十三条　乡（镇）人民政府农村土地承包管理部门应当建立土地经营权流转台账，及时准确记载流转情况。

第二十四条　乡（镇）人民政府农村土地承包管理部门应当对土地经营权流转有关文件、资料及流转合同等进行归档并妥善保管。

第二十五条　鼓励各地建立土地经营权流转市场或者农村产权交易市场。县级以上地方人民政府农业农村主管（农村经营管理）部门应当加强业务指导，督促其建立健全运行规则，规范开展土地经营权流转政策咨询、信息发布、合同签订、交易鉴证、权益评估、融资担保、档案管理等服务。

第二十六条 县级以上地方人民政府农业农村主管(农村经营管理)部门应当按照统一标准和技术规范建立国家、省、市、县等互联互通的农村土地承包信息应用平台,健全土地经营权流转合同网签制度,提升土地经营权流转规范化、信息化管理水平。

第二十七条 县级以上地方人民政府农业农村主管(农村经营管理)部门应当加强对乡(镇)人民政府农村土地承包管理部门工作的指导。乡(镇)人民政府农村土地承包管理部门应当依法开展土地经营权流转的指导和管理工作。

第二十八条 县级以上地方人民政府农业农村主管(农村经营管理)部门应当加强服务,鼓励受让方发展粮食生产;鼓励和引导工商企业等社会资本(包括法人、非法人组织或者自然人等)发展适合企业化经营的现代种养业。

县级以上地方人民政府农业农村主管(农村经营管理)部门应当根据自然经济条件、农村劳动力转移情况、农业机械化水平等因素,引导受让方发展适度规模经营,防止垒大户。

第二十九条 县级以上地方人民政府对工商企业等社会资本流转土地经营权,依法建立分级资格审查和项目审核制度。审查审核的一般程序如下:

(一)受让主体与承包方就流转面积、期限、价款等进行协商并签订流转意向协议书。涉及未承包到户集体土地等集体资源的,应当按照法定程序经本集体经济组织成员的村民会议三分之二以上成员或者三分之二以上村民代表的同意,并与集体经济组织签订流转意向协议书。

(二)受让主体按照分级审查审核规定,分别向乡(镇)人民政府农村土地承包管理部门或者县级以上地方人民政府农业农村主管(农村经营管理)部门提出申请,并提交流转意向协议书、农业经营能力或者资质证明、流转项目规划等相关材料。

（三）县级以上地方人民政府或者乡（镇）人民政府应当依法组织相关职能部门、农村集体经济组织代表、农民代表、专家等就土地用途、受让主体农业经营能力，以及经营项目是否符合粮食生产等产业规划等进行审查审核，并于受理之日起20个工作日内作出审查审核意见。

（四）审查审核通过的，受让主体与承包方签订土地经营权流转合同。未按规定提交审查审核申请或者审查审核未通过的，不得开展土地经营权流转活动。

第三十条　县级以上地方人民政府依法建立工商企业等社会资本通过流转取得土地经营权的风险防范制度，加强事中事后监管，及时查处纠正违法违规行为。

鼓励承包方和受让方在土地经营权流转市场或者农村产权交易市场公开交易。

对整村（组）土地经营权流转面积较大、涉及农户较多、经营风险较高的项目，流转双方可以协商设立风险保障金。

鼓励保险机构为土地经营权流转提供流转履约保证保险等多种形式保险服务。

第三十一条　农村集体经济组织为工商企业等社会资本流转土地经营权提供服务的，可以收取适量管理费用。收取管理费用的金额和方式应当由农村集体经济组织、承包方和工商企业等社会资本三方协商确定。管理费用应当纳入农村集体经济组织会计核算和财务管理，主要用于农田基本建设或者其他公益性支出。

第三十二条　县级以上地方人民政府可以根据本办法，结合本行政区域实际，制定工商企业等社会资本通过流转取得土地经营权的资格审查、项目审核和风险防范实施细则。

第三十三条 土地经营权流转发生争议或者纠纷的，当事人可以协商解决，也可以请求村民委员会、乡（镇）人民政府等进行调解。

当事人不愿意协商、调解或者协商、调解不成的，可以向农村土地承包仲裁机构申请仲裁，也可以直接向人民法院提起诉讼。

第六章 附 则

第三十四条 本办法所称农村土地，是指除林地、草地以外的，农民集体所有和国家所有依法由农民集体使用的耕地和其他用于农业的土地。

本办法所称农村土地经营权流转，是指在承包方与发包方承包关系保持不变的前提下，承包方依法在一定期限内将土地经营权部分或者全部交由他人自主开展农业生产经营的行为。

第三十五条 通过招标、拍卖和公开协商等方式承包荒山、荒沟、荒丘、荒滩等农村土地，经依法登记取得权属证书的，可以流转土地经营权，其流转管理参照本办法执行。

第三十六条 本办法自2021年3月1日起施行。农业部2005年1月19日发布的《农村土地承包经营权流转管理办法》（农业部令第47号）同时废止。

最高人民法院关于审理涉及国有土地使用权合同纠纷案件适用法律问题的解释

〔2004年11月23日最高人民法院审判委员会第1334次会议通过、2005年6月18日公布、自2005年8月1日起施行(法释〔2005〕5号) 根据2020年12月23日最高人民法院审判委员会第1823次会议通过、2020年12月29日公布、自2021年1月1日起施行的《最高人民法院关于修改〈最高人民法院关于在民事审判工作中适用《中华人民共和国工会法》若干问题的解释〉等二十七件民事类司法解释的决定》(法释〔2020〕17号)修正〕

为正确审理国有土地使用权合同纠纷案件,依法保护当事人的合法权益,根据《中华人民共和国民法典》《中华人民共和国土地管理法》《中华人民共和国城市房地产管理法》等法律规定,结合民事审判实践,制定本解释。

一、土地使用权出让合同纠纷

第一条 本解释所称的土地使用权出让合同,是指市、县人民政府自然资源主管部门作为出让方将国有土地使用权在一定年限内让与受让方,受让方支付土地使用权出让金的合同。

第二条 开发区管理委员会作为出让方与受让方订立的土地使用权出让合同,应当认定无效。

本解释实施前,开发区管理委员会作为出让方与受让方订立的土地使用权出让合同,起诉前经市、县人民政府自然资源主管部门追认的,可以认定合同有效。

第三条 经市、县人民政府批准同意以协议方式出让的土地使用权,土地使用权出让金低于订立合同时当地政府按照国家规定确定的最低价的,应当认定土地使用权出让合同约定的价格条款无效。

当事人请求按照订立合同时的市场评估价格交纳土地使用权出让金的,应予支持;受让方不同意按照市场评估价格补足,请求解除合同的,应予支持。因此造成的损失,由当事人按照过错承担责任。

第四条 土地使用权出让合同的出让方因未办理土地使用权出让批准手续而不能交付土地,受让方请求解除合同的,应予支持。

第五条 受让方经出让方和市、县人民政府城市规划行政主管部门同意,改变土地使用权出让合同约定的土地用途,当事人请求按照起诉时同种用途的土地出让金标准调整土地出让金的,应予支持。

第六条 受让方擅自改变土地使用权出让合同约定的土地用途,出让方请求解除合同的,应予支持。

二、土地使用权转让合同纠纷

第七条 本解释所称的土地使用权转让合同,是指土地使用权人作为转让方将出让土地使用权转让于受让方,受让方支付价款的合同。

第八条 土地使用权人作为转让方与受让方订立土地使用权转让合同后,当事人一方以双方之间未办理土地使用权变更登记手续为由,请求确认合同无效的,不予支持。

第九条 土地使用权人作为转让方就同一出让土地使用权订立数个转让合同,在转让合同有效的情况下,受让方均要求履行合同的,按照以下情形分别处理:

(一)已经办理土地使用权变更登记手续的受让方,请求转让方履行交付土地等合同义务的,应予支持;

(二)均未办理土地使用权变更登记手续,已先行合法占有投资开发土地的受让方请求转让方履行土地使用权变更登记等合同义务的,应予支持;

(三)均未办理土地使用权变更登记手续,又未合法占有投资开发土地,先行支付土地转让款的受让方请求转让方履行交付土地和办理土地使用权变更登记等合同义务的,应予支持;

(四)合同均未履行,依法成立在先的合同受让方请求履行合同的,应予支持。

未能取得土地使用权的受让方请求解除合同、赔偿损失的,依照民法典的有关规定处理。

第十条 土地使用权人与受让方订立合同转让划拨土地使用权,起诉前经有批准权的人民政府同意转让,并由受让方办理土地使用权出让手续的,土地使用权人与受让方订立的合同可以按照补偿性质的合同处理。

第十一条 土地使用权人与受让方订立合同转让划拨土地使用权,起诉前经有批准权的人民政府决定不办理土地使用权出让手续,并将该划拨土地使用权直接划拨给受让方使用的,土地使用权人与受让方订立的合同可以按照补偿性质的合同处理。

三、合作开发房地产合同纠纷

第十二条 本解释所称的合作开发房地产合同,是指当事人订立的以提供出让土地使用权、资金等作为共同投资,共享利润、共担风险合作开发房地产为基本内容的合同。

第十三条 合作开发房地产合同的当事人一方具备房地产开发经营资质的,应当认定合同有效。

当事人双方均不具备房地产开发经营资质的,应当认定合同无效。但起诉前当事人一方已经取得房地产开发经营资质或者已依法合作成立具有房地产开发经营资质的房地产开发企业的,应当认定合同有效。

第十四条 投资数额超出合作开发房地产合同的约定,对增加的投资数额的承担比例,当事人协商不成的,按照当事人的违约情况确定;因不可归责于当事人的事由或者当事人的违约情况无法确定的,按照约定的投资比例确定;没有约定投资比例的,按照约定的利润分配比例确定。

第十五条 房屋实际建筑面积少于合作开发房地产合同的约定,对房屋实际建筑面积的分配比例,当事人协商不成的,按照当事人的违约情况确定;因不可归责于当事人的事由或者当事人违约情况无法确定的,按照约定的利润分配比例确定。

第十六条 在下列情形下,合作开发房地产合同的当事人请求分配房地产项目利益的,不予受理;已经受理的,驳回起诉:

(一)依法需经批准的房地产建设项目未经有批准权的人民政府主管部门批准;

(二)房地产建设项目未取得建设工程规划许可证;

（三）擅自变更建设工程规划。

因当事人隐瞒建设工程规划变更的事实所造成的损失，由当事人按照过错承担。

第十七条 房屋实际建筑面积超出规划建筑面积，经有批准权的人民政府主管部门批准后，当事人对超出部分的房屋分配比例协商不成的，按照约定的利润分配比例确定。对增加的投资数额的承担比例，当事人协商不成的，按照约定的投资比例确定；没有约定投资比例的，按照约定的利润分配比例确定。

第十八条 当事人违反规划开发建设的房屋，被有批准权的人民政府主管部门认定为违法建筑责令拆除，当事人对损失承担协商不成的，按照当事人过错确定责任；过错无法确定的，按照约定的投资比例确定责任；没有约定投资比例的，按照约定的利润分配比例确定责任。

第十九条 合作开发房地产合同约定仅以投资数额确定利润分配比例，当事人未足额交纳出资的，按照当事人的实际投资比例分配利润。

第二十条 合作开发房地产合同的当事人要求将房屋预售款充抵投资参与利润分配的，不予支持。

第二十一条 合作开发房地产合同约定提供土地使用权的当事人不承担经营风险，只收取固定利益的，应当认定为土地使用权转让合同。

第二十二条 合作开发房地产合同约定提供资金的当事人不承担经营风险，只分配固定数量房屋的，应当认定为房屋买卖合同。

第二十三条 合作开发房地产合同约定提供资金的当事人不承担经营风险，只收取固定数额货币的，应当认定为借款合同。

第二十四条 合作开发房地产合同约定提供资金的当事人

不承担经营风险,只以租赁或者其他形式使用房屋的,应当认定为房屋租赁合同。

四、其　它

第二十五条　本解释自 2005 年 8 月 1 日起施行;施行后受理的第一审案件适用本解释。

本解释施行前最高人民法院发布的司法解释与本解释不一致的,以本解释为准。

最高人民法院关于审理破坏土地资源刑事案件具体应用法律若干问题的解释

(2000 年 6 月 16 日最高人民法院审判委员会第 1119 次会议通过　2000 年 6 月 19 日公布　法释〔2000〕14 号　自 2000 年 6 月 22 日起施行)

为依法惩处破坏土地资源犯罪活动,根据刑法的有关规定,现就审理这类案件具体应用法律的若干问题解释如下:

第一条　以牟利为目的,违反土地管理法规,非法转让、倒卖土地使用权,具有下列情形之一的,属于非法转让、倒卖土地使用权"情节严重",依照刑法第二百二十八条的规定,以非法转让、倒卖土地使用权罪定罪处罚：

（一）非法转让、倒卖基本农田五亩以上的；

（二）非法转让、倒卖基本农田以外的耕地十亩以上的；

（三）非法转让、倒卖其他土地二十亩以上的；

（四）非法获利五十万元以上的；

（五）非法转让、倒卖土地接近上述数量标准并具有其他恶劣情节的，如曾因非法转让、倒卖土地使用权受过行政处罚或者造成严重后果等。

第二条 实施第一条规定的行为，具有下列情形之一的，属于非法转让、倒卖土地使用权"情节特别严重"：

（一）非法转让、倒卖基本农田十亩以上的；

（二）非法转让、倒卖基本农田以外的耕地二十亩以上的；

（三）非法转让、倒卖其他土地四十亩以上的；

（四）非法获利一百万元以上的；

（五）非法转让、倒卖土地接近上述数量标准并具有其他恶劣情节的，如造成严重后果等。

第三条 违反土地管理法规，非法占用耕地改作他用，数量较大，造成耕地大量毁坏的，依照刑法第三百四十二条的规定，以非法占用耕地罪定罪处罚：

（一）非法占用耕地"数量较大"，是指非法占用基本农田五亩以上或者非法占用基本农田以外的耕地十亩以上。

（二）非法占用耕地"造成耕地大量毁坏"，是指行为人非法占用耕地建窑、建坟、建房、挖沙、采石、采矿、取土、堆放固体废弃物或者进行其他非农业建设，造成基本农田五亩以上或者基本农田以外的耕地十亩以上种植条件严重毁坏或者严重污染。

第四条 国家机关工作人员徇私舞弊，违反土地管理法规，滥用职权，非法批准征用、占用土地，具有下列情形之一的，属

非法批准征用、占用土地"情节严重",依照刑法第四百一十条的规定,以非法批准征用、占用土地罪定罪处罚:

(一)非法批准征用、占用基本农田十亩以上的;

(二)非法批准征用、占用基本农田以外的耕地三十亩以上的;

(三)非法批准征用、占用其他土地五十亩以上的;

(四)虽未达到上述数量标准,但非法批准征用、占用土地造成直接经济损失三十万元以上;造成耕地大量毁坏等恶劣情节的。

第五条 实施第四条规定的行为,具有下列情形之一的,属于非法批准征用、占用土地"致使国家或者集体利益遭受特别重大损失":

(一)非法批准征用、占用基本农田二十亩以上的;

(二)非法批准征用、占用基本农田以外的耕地六十亩以上的;

(三)非法批准征用、占用其他土地一百亩以上的;

(四)非法批准征用、占用土地,造成基本农田五亩以上,其他耕地十亩以上严重毁坏的;

(五)非法批准征用、占用土地造成直接经济损失五十万元以上等恶劣情节的。

第六条 国家机关工作人员徇私舞弊,违反土地管理法规,非法低价出让国有土地使用权,具有下列情形之一的,属于"情节严重",依照刑法第四百一十条的规定,以非法低价出让国有土地使用权罪定罪处罚:

(一)出让国有土地使用权面积在三十亩以上,并且出让价额低于国家规定的最低价额标准的百分之六十的;

(二)造成国有土地资产流失价额在三十万元以上的。

第七条 实施第六条规定的行为,具有下列情形之一的,属

于非法低价出让国有土地使用权,"致使国家和集体利益遭受特别重大损失":

(一)非法低价出让国有土地使用权面积在六十亩以上,并且出让价额低于国家规定的最低价额标准的百分之四十的;

(二)造成国有土地资产流失价额在五十万元以上的。

第八条 单位犯非法转让、倒卖土地使用权罪、非法占有耕地罪的定罪量刑标准,依照本解释第一条、第二条、第三条的规定执行。

第九条 多次实施本解释规定的行为依法应当追诉的,或者一年内多次实施本解释规定的行为未经处理的,按照累计的数量、数额处罚。

附录二 典型案例

人民法院依法保护农用地典型案例[*]

一、梁某东等人非法占用农用地案

【基本案情】

2016年年初,被告人梁某友、梁某斌、梁某明在分别担任或代理广东省肇庆市鼎湖区某村委会1、2、3队村民小组组长期间,为增加村集体收入,经村民会议讨论决定,将村属耕地通过公开招投标方式发包出去挖塘养鱼。被告人梁某东中标后,上述三被告人代表各村民小组作为发包方分别与梁某东签订了《鱼塘承包合同》。合同签订后,在没有办理合法用地相关手续,且缺少相应职能部门统一监管的情况下,被告人梁某东在承包的耕地上挖掘鱼塘、搭建猪舍。经勘测和鉴定,涉案的54.53亩耕地规划用途为基本农田保护区,毁坏前地类为水田;非法占用的耕地耕作层、灌溉设施被完全毁坏,难以恢复。2017年12月,被告人梁某东等四人先后主动到公安机关投案,如实交代了本案犯罪事实。

---

[*] 《人民法院依法保护农用地典型案例》,载最高人民法院网2024年1月10日,https://www.court.gov.cn/zixun/xiangqing/422842.html。

【裁判结果】

广东省肇庆市鼎湖区人民法院认为,被告人梁某友、梁某斌、梁某明作为鼎湖区某村委会1、2、3队村民小组的组长,违反土地管理法规,代表村集体将村数量较大的耕地非法发包,致被告人梁某东违反土地管理法规,在没有办理合法用地相关手续及缺乏统一监管的情况下,在承包的耕地上挖掘鱼塘,搭建猪舍,非法占用耕地54.53亩,改变被占用土地用途,数量较大,造成农用地大量毁坏。被告人梁某东、梁某明、梁某友、梁某斌的行为均已构成非法占用农用地罪。鉴于四被告人主动投案,如实供述本案犯罪事实,系自首,且均认罪、悔罪,可依法予以从轻处罚。以非法占用农用地罪分别判处梁某东、梁某明、梁某友、梁某斌有期徒刑十个月至八个月,并处罚金人民币50000元,并依法对梁某友、梁某斌适用缓刑。

宣判后,梁某明、梁某东提出上诉。梁某明在二审阶段撤回上诉。广东省肇庆市中级人民法院裁定准许梁某明撤回上诉,驳回上诉人梁某东的上诉,维持原判。

【典型意义】

本案是人民法院依法惩处村民小组组长在土地发包过程中,违反土地管理法规变更土地用途、毁坏耕地的典型案例。在发展农村经济中,发包土地、收取土地承包金是提高村集体收入,发展农村经济最常见的方式之一。但由于法律意识不强,一些村集体不按照土地管理法规的规定进行土地发包,随意变更土地用途、毁坏耕地等现象时有发生,导致在承包土地过程中非法占用农用地的问题比较突出。即使是为了村集体的利益,村集体也无权擅自改变土地性质和用途。本案中,某村委会3个村民小组随意变更土地性质、用途将土地发包,承包人梁某东也以为按合同约定使用土地不是违法犯罪行为,致使梁某东违反土地性质使用土地,造成耕地耕作层、灌溉设施完全毁坏。梁某东应承担相应的法律责任,梁某友、梁某斌、梁某明是村民小组组长,作为直接负责的主管人员,对此亦应承担相应的法律责任。人民法院充分发挥审判职能作用,依法对本案四名被告人予以刑事处罚,对于教育和警示村民委员会、村民小组等基层组织应当依法依规发包土地、村民委员会主任、村民小组组长应当忠诚履职尽责、充分发挥耕地保护的先锋表率作用具有重要意义。

二、程某科非法占用农用地案

【基本案情】

从2004年开始,以被告人程某科为首的犯罪组织称霸一方,欺压残害群众,先后实施违法犯罪活动20余起,造成10余人重伤、轻伤及轻微伤,破坏了江西省浮梁县域周边经济社会生活秩序,造成了恶劣的社会影响。期间,程某科利用黑社会性质组织影响,先后从浮梁县兴田乡村民处"强买"1700余亩山林,并于2015年左右私建黄沙坑山庄建筑,硬化水泥道路、开挖水塘及其附属设施,违法改变土地用途。经鉴定,浮梁县兴田乡黄沙坑山庄违法占用农用地面积34.53亩,其中耕地约12.84亩(含基本农田1.09亩)、毁林面积21.09亩,沟渠面积0.6亩,被毁坏的农用地复垦费用为347256元,制定生态修复方案费用5800元。

【裁判结果】

江西省乐平市人民法院认为,被告人程某科违反土地管理法规,非法占用农用地,改变被占用土地用途,数量较大,造成耕地、林地等农用地大量毁坏,其行为已构成非法占用农用地罪。程某科非法占用农用地的行为导致原有土地失去耕种条件,破坏了土地资源，损害了社会公共利益，应承担恢复土地复垦条件的民事责任。综合考虑被告人坦白、认罪认罚及累犯等情节，以非法占用农用地罪，判处程某科有期徒刑一年三个月，并处罚金人民币五万元，与认定的其他犯罪数罪并罚，决定执行有期徒刑二十五年，并处没收个人全部财产，剥夺政治权利五年。同时，判决程某科按照江西景德镇司法鉴定中心作出的生态修复方案交纳恢复复垦条件费用347256元，同时承担制定生态修复方案的费用5800元。

江西省景德镇市中级人民法院二审维持原判。

【典型意义】

本案是人民法院依法严惩与涉黑涉恶等其他犯罪相互交织的非法占用农用地犯罪的典型案例。司法实践中，因非法占用农用地犯罪牵涉利益巨大，往往与非法采矿、盗伐林木、滥伐林木等其他犯罪交织，特别是很多案件还具有涉黑涉恶因素，人民群众反映强烈，综合治理难度较大。本案中，村民迫于被告人程某科黑社会性质组织影响，不得已将名下山林转给程某科。程某科私自改变占用农用地用途，不仅造成农用地大量毁坏，而且严重影响当地村民生计，造成了恶劣的社会影响。人民法院依法追究程某科刑事责任，数罪并罚判处其二十五年有期徒刑，并判令程某科承担恢复耕地、林地复垦条件及制定生态修复方案等费用。该案体现了人民法院坚持扫黑除恶常态化，依法严厉打击土地资源领域涉黑涉恶犯罪，斩断伸向土地资源领域的"黑手"，全面保障土地资源可持续利用和农业可持续发展的决心与成效。

三、季某辉、李某非法占用农用地案

【基本案情】

2011年,季某辉、李某以修建大棚、发展农业养殖为名,从村民手中承包、置换了位于辽宁省大连市普兰店区城子坦街道某村的部分土地,购置了铲车、洗砂船等设备,组织人员挖土洗砂并对外销售。同年11月,季某辉被原辽宁省普兰店市国土资源局处以责令限期将被毁坏耕地复种及罚款900310元的行政处罚。被行政处罚后,季某辉、李某仍继续从村民手中承包、置换土地并取土对外销售,造成农用地严重破坏。经鉴定,2011年至2014年期间,季某辉、李某以取土形式破坏耕地63.72亩,其中,永久基本农田54.25亩,挖掘深度达0.54米,原种植层已被破坏。季某辉、李某非法获利共计人民币664500元。

【裁判结果】

辽宁省大连市沙河口区人民法院认为,季某辉、李某违反土地管理法规,明知是耕地而进行非法取土,造成耕地被大量毁坏,构成非法占用农用地罪。判处季某辉有期徒刑三年六个月,并处罚金人民币50000元;判处李某有期徒刑一年六个月,并处罚金人民币50000元;追缴季某辉、李某的违法所得,上缴国库。

辽宁省大连市中级人民法院二审维持原判。

【典型意义】

本案是人民法院依法从严惩处利用承包合同方式流转土地后,非法取土挖砂毁坏耕地的典型案例。季某辉、李某以修建大棚、发展农业养殖为名,从农民手中承包、置换大量土地,非法破坏土壤种植层,取土洗砂销售,造成永久基本农田54.25亩被毁坏，并获得巨额利润，既严重破坏农用地资源影响粮食生产，又因洗砂活动危害生态安全。人民法院针对本案特点，充分考虑案件在当地的严重负面影响，依法从重对被告人季某辉、李某判处自由刑和财产刑。该案体现了人民法院对非法占用农用地、破坏基本农田犯罪行为决不手软，坚决依法予以严厉惩处的信念和决心，对进一步规范农村土地承包经营活动也起到了良好的警示教育作用。

四、陕西省西安市鄠邑区渭丰街道某村民委员会与冯某汉土地租赁合同纠纷案

【基本案情】

1998年3月20日，西安某实业有限责任公司与户县渭丰乡某村民委员会签订《土地承包合同》，约定租赁该村132亩土地，用于经营种植或养殖业，租赁期限为25年，即自1998年3月11日至2024年3月10日。2008年4月30日，双方签订《土地承包合同补充协议》，约定将租赁期限延长5年至2029年3月11日。被告冯某汉系西安某实业有限责任公司法定代表人，2011年5月26日，冯某汉与户县渭丰乡某村民委员会签订《协议书》，约定将西安某实业有限责任公司的土地租赁合同及补充协议约定承租方的权利和义务由冯某汉全部享有和承担。冯某汉在租赁土地期间，案涉土地上被多次倾倒大量建筑渣土和垃圾，因被盗挖砂石，在案涉土地区域西南角形成28亩砂坑和西北角形成5亩砂坑各一个，东南角土地堆附大量建筑垃圾，土地遭到严重破坏。当地公安机关对有关人员进行了处罚。2018年5月，户县渭丰乡某

村民委员会撤村合并为陕西省西安市鄠邑区渭丰街道某村民委员会,2021年7月6日,该村民委员会起诉请求解除《土地承包合同》。

【裁判结果】

陕西省西安市鄠邑区人民法院一审认为,冯某汉在租赁土地期间,涉案土地被长期撂荒,2018年至2021年期间该土地存在长期非法采挖砂石,承包地内形成多个大型砂坑,区域内土地被大量废弃砖块和黄土组成的废弃建筑混合物堆积,部分砂坑被盗挖后用建筑渣土和垃圾进行了填埋,土地自然生态遭到严重破坏。本案所涉农业用地长期、反复地遭到不法人员掠夺性的破坏,与冯某汉长期看管不力,未采用有效管控措施之间存在因果关系,村委会提出解除土地租赁合同等诉讼请求符合法律规定,应予支持。遂作出解除案涉合同、冯某汉向原告返还132亩土地、原告向冯某汉返还土地承包费94453元的判决。一审法院作出判决后,向有关责任主体发出司法建议:一是加强土地保护的力度。建议通过安排人员值守或不定期巡查、鼓励群众举报等多种举措,加强对所辖土地的看护、监管;二是加大对土地资源保护的宣传力度,通过悬挂宣传标语等方式,营造保护土地资源的良好社会氛围;三是及时对遭受破坏的土地进行复耕复种。开展全面排查,是否仍有类似情况,加大与环境保护部门的协作联动力度,开展对砂坑联合复耕复种行动,力争做到合理利用土地资源。

陕西省西安市中级人民法院二审判决驳回上诉,维持原判。

【典型意义】

本案是因土地承包人未尽监管和保护义务致使土地生态严重破坏,人民法院依法判决解除土地承包合同的典型案例。《中华人民共和国农村土地承包法》第十八条规定了承包方应当承担"依法保护和合理利用土地,不得给土地造成永久性损害"的义务。本案中，冯某汉怠于履行保护土地义务，导致案涉土地遭到严重破坏。人民法院依法判决解除合同，使承包方承担了违约责任的同时，认真落实能动司法理念，积极延伸司法职能，主动发出司法建议，有力推动有关部门做好百亩土地的复耕保护工作，取得了良好效果。本案的正确处理，对于引导教育广大人民群众和基层组织树牢"耕地保护、人人有责"观念，严守土地保护义务，坚持节约集约利用土地，不断增强土地保护工作的自觉性、积极性和主动性具有重要意义。

五、四川省崇州市道明镇协和社区四个居民小组与李某洪土地经营权出租合同纠纷案

【基本案情】

2010年9月30日，李某洪与原告签订《农村土地承包经营权流转合同》，约定由李某洪承租位于崇州市"天府粮仓"核心示范区范围内的264.9亩土地，租赁期限17年。合同履行期间，李某洪将土地用于种植园林绿化树木，因管理不善，该地块树木枯死、土地荒芜、杂草丛生，被当地农业农村主管部门认定为抛荒地，建议"退树还耕"。同时，李某洪仅向原告支付了15万元租金，2021年起未再支付租金。双方多次协商未果，原告提起诉讼，要求李某洪给付拖欠租金52.4508万元并解除合同，将土地进行复垦复耕。

【裁判结果】

四川省崇州市人民法院经过联动调解，当事人自愿达成一致意见：解除双方签订的土地流转合同，李某洪返还该合同项下承

租的全部土地,出售承租土地上的树木等附作物抵偿租金。经人民法院督促,当事人双方积极履行调解协议,案涉土地已全部完成复垦复耕,成为优质水稻田。

【典型意义】

本案是人民法院依法调解解除土地承包经营权流转合同,收回抛荒地,退树还田,守护"天府粮仓"的典型案例。农村中由于疏于管理形成的抛荒地,极易导致土壤退化、水源污染、生态破坏,严重影响耕地资源的可持续利用和农田生产能力的提高。依法整治农用地抛荒问题,推进科学复耕复种,对于严守耕地红线、让农业增效农民增收意义重大。本案中,人民法院积极调解双方当事人达成一致意见,督促被告人归还案涉土地,处理土地附着物,开展复垦复耕,帮助十万亩粮食高产稳产高效综合示范基地收回抛荒地264.9亩,对于坚决制止耕地闲置浪费现象,杜绝变相"非粮化""囤地""抛荒"等现象,促进耕地保护与修复,盘活耕地资源等均具有重要意义。

六、陈某杨诉重庆市綦江区扶欢镇人民政府行政赔偿案

【基本案情】

2015年8月4日,重庆市綦江区扶欢镇东升村8社部分村民向重庆市綦江区扶欢镇人民政府(以下简称扶欢镇政府)提出申请,要求依綦江区现行征地拆迁安置政策规定的安置补偿标准,对扶欢镇东升村8社全部土地房屋实施征收并进行补偿安置。2015年12月23日,扶欢镇政府(甲方)与扶欢镇东升村8组(乙方)签订了征收土地协议书,约定了甲方征收乙方土地面积共计

250.24亩,其中耕地192.64亩,宅基地33亩,其他土地24.6亩。2015年12月30日,扶欢镇政府(乙方)与扶欢镇东升村8组(甲方)签订了土地移交协议,约定了由甲方向乙方移交扶欢镇东升村8组土地283.05亩。2016年11月30日,扶欢镇政府(甲方)与扶欢镇东升村8组(乙方)签订了交地协议,约定了甲方将未使用的122亩土地交由乙方集体经济组织统一管理。2016年1月11日,扶欢镇政府推掉了原告陈某杨位于扶欢镇东升村8组享有合法承包经营权的土地及地上种植的作物,2018年6月19日,该强推行为被人民法院判决确认违法。2018年8月1日,陈某杨向扶欢镇政府提交行政赔偿申请。2018年9月6日,扶欢镇政府作出不予赔偿的决定。陈某杨不服,遂向人民法院提起行政赔偿诉讼。

陈某杨在扶欢镇东升村8组承包面积为4.25亩农村集体土地,其中1.18亩土地并不在征地范围内。陈某杨的承包地每年均栽种两季农作物,春夏季耕种水稻,秋冬季栽种蔬菜萝卜。2014年前,扶欢镇东升村8组属綦江区扶欢镇杂交水稻制种基地。2014年后,扶欢镇东升村8组未再进行水稻制种。

【裁判结果】

重庆市大渡口区人民法院一审认为,扶欢镇政府于2016年1月强推陈某杨承包土地违法行为与陈某杨因该行政违法行为未能在涉案承包地种植农作物而造成经济损失之间存在因果关系,故应承担赔偿责任。判决撤销扶欢镇政府作出的不予赔偿决定书,扶欢镇政府赔偿陈某杨15637.69元。

宣判后,陈某杨不服,提起上诉,重庆市第五中级人民法院依法判决驳回上诉,维持原判。

【典型意义】

本案是行政机关违法强推土地,人民法院依法支持土地承包人损失赔偿请求的典型案例。本案中，在赔偿期间上，人民法院在扶欢镇政府少批多占土地，多占土地已退还集体经济组织前提下，对强推土地时起至退还集体经济组织止期间的损失予以赔偿，确立了相应赔偿的最大期间；在赔偿范围上，未机械以2014年以后大多数农民没有进行水稻种植为由而不将该部分损失计算在内，而是包含了一年四季所不能种植的农作物种类，还充分考虑了强推承包地行为造成相对人无法种植的未来可得利益；在赔偿标准上，参照了当地统计年鉴确立的产量，以及国家收购价格和当地行政主管部门出具的证明材料。该案体现了人民法院始终以最大限度保护耕地和土地承包人合法利益为着眼点，服务保障粮食安全"国之大者"的信念和决心。

七、江苏省盐城市自然资源和规划局与盐城市某建材有限公司国土资源非诉执行案

【基本案情】

2020年9月7日，江苏省盐城市自然资源和规划局（以下简称盐城市自规局）发现盐城市某建材有限公司未经批准在南洋镇柴坝村二组境内占用土地8538平方米（折12.81亩）堆放砂石及硬化水泥场地、新建办公房。经勘测定界，其中占用耕地3139平方米，占用园地2242平方米，占用其他农用地3149平方米，占用交通运输用地8平方米。盐城市自规局于2021年11月25日作出盐亭国土资罚〔2020〕40号《行政处罚决定书》，责令盐城市某建材有限公司十五日内将非法占用的土地退还，并自行拆除土地上新建的建筑物和其它设施。2022年2月14日，盐城市自规局

向盐城市某建材有限公司邮寄送达《履行行政处罚决定催告书》，但盐城市某建材有限公司未履行上述义务，故盐城市自规局于2022年3月1日向江苏省东台市人民法院申请强制执行。该案审查过程中，盐城市某建材有限公司辩称案涉建筑于2009年之初即修建完成，案涉行政处罚已过处罚期限。

【裁判结果】

江苏省东台市人民法院经审查认为，案涉盐亭国土资罚〔2020〕40号《行政处罚决定书》，认定事实清楚，主要证据充分，处罚程序合法，适用法律、法规正确。关于盐城市某建材有限公司辩称的案涉行政处罚已过处罚期限的问题。案涉查处行为发生在2020年9月7日，《中华人民共和国行政处罚法》第二十九条第一款规定，违法行为在二年内未被发现的，不再给予行政处罚。法律另有规定的除外。该款规定的期限，系从违法行为发生之日起计算，但违法行为有连续或者持续状态的，从行为终了之日起计算。即便案涉建筑于2009年之初即修建完成，但该违法行为处于持续状态，故盐城市自规局作出的行政处罚未过处罚期限。裁定：盐亭国土资罚〔2020〕40号《行政处罚决定书》中的行政处罚，准予强制执行。

【典型意义】

本案是人民法院对虽发生时间很早但一直持续的非法占地行为，依法支持行政机关收回农用地的行政处罚的典型案例。案涉被占土地含有大量耕地，且非法占用时间较长。根据最高人民法院《关于如何计算土地违法行为追诉时效的答复》，不法状态被恢复原样之前，该非法占用行为处于继续状态。同理，非法占用土地建造建筑亦是如此。本案裁判表明土地行政主管部门无论何时发现非法占用农用地的行为，只要违法事实依旧存在，均应依法作出处罚。人民法院通过准予强制执行裁判有力支持了行政机关依法查处违法占用土地行为,对乱占耕地行为坚持"零容忍"的态度和立场,依法保障土地资源合理有效利用。

八、江苏省镇江市金山地区人民检察院诉马某华刑事附带民事公益诉讼案

【基本案情】

2013年5月,马某华租赁江苏省镇江市丹徒区上党镇某村民小组农用地33.98亩,在未办理用地手续的情况下擅自在该地块建设猪舍、道路等设施从事养殖业,造成土地毁坏。经鉴定评估,马某华已固化占地面积10925平方米(合16.39亩),其中包括永久基本农田7108平方米(合10.66亩),耕作条件已被破坏。江苏省镇江市金山地区人民检察院向江苏省镇江市京口区人民法院提起刑事附带民事公益诉讼,请求:一、判令马某华修复被破坏的耕地16.39亩,如不能自行修复,承担耕地修复费用31.96万元;二、判令马某华在市级媒体公开赔礼道歉。

对马某华非法占用基本农田10.66亩的行为,另案刑事判决被告人马某华犯非法占用农用地罪,判处有期徒刑一年四个月,并处罚金人民币二万元。

【裁判结果】

江苏省镇江市京口区人民法院认为,马某华违反土地管理法规,破坏土地资源,应当承担土地修复责任。判决:一、马某华在判决生效后六个月内自行修复被破坏的土地16.39亩;如不能自行修复,应承担破坏土地的修复费用31.96万元。二、马某华在判决生效后一个月内在市级媒体上公开赔礼道歉。马某华不服,提起上诉。

江苏省镇江市中级人民法院认为，马某华非法占用永久基本农田10.66亩建设养殖设施，应当拆除有关永久基本农田上的违法建设并依法复垦，如果马某华不能自行实施，则应当承担相应的拆除和修复费用共计207891元。对马某华占用设施农用地、园地、沟渠、田坎共计5.73亩建设养殖设施、道路，由于相关土地并非耕地，不属于破坏耕地的情形，原审判决认定的部分事实不清，应予部分改判：马某华在判决生效后六个月内自行修复被破坏的永久基本农田10.66亩；如不能自行修复，应承担破坏永久基本农田的修复费用人民币207891元；马某华在判决生效后一个月内在市级媒体上公开赔礼道歉。

【典型意义】

人民法院在本案中正确区分了占用的不同农用地性质并作区别处理，既坚决守住耕地红线，又依法保障养殖户合法用地需求，是统筹保护与发展关系的典型案例。因生猪养殖破坏农用地的违法犯罪案件，是基层执法、司法的难点之一，此类案件的审理既要依法保护耕地红线，也要实事求是地保障生猪养殖的合法用地需求，避免因一刀切的执法损害生猪养殖产业的健康发展。本案中，人民法院遵循"以事实为根据，以法律为准绳"原则，根据有关审批规定作区别处理：对于非法占用永久基本农田建设养殖设施的，应当拆除并复垦；对于占用设施农用地建设养殖设施的，如果能够与永久基本农田上的养殖设施区分使用，可不予拆除、复垦；对于占用其他农用地建设养殖设施，并不破坏耕地及农地周边资源环境的，且可以通过一定程序依法建设养殖设施的，由当事人或者有关主管机关依法处理。人民法院坚持把握好高质量发展和高水平保护的辩证统一关系，在严格依法捍卫生态红线的同时，积极贯彻国家支持设施农业的政策，不遗余力地保民生、保发展，通过精细化的裁判，践行环境保护法第一条所规定的推进生态文明建设与促进经济社会可持续发展的双重立法目的。

九、山东省滨州市人民检察院诉杨某义、山东省某实业有限公司民事公益诉讼案

【基本案情】

2011年1月10日,杨某义(山东省某实业有限公司的出资人及经营管理人)与山东省滨州市沾化区古城镇西张王村村民委员会就村内45.21亩集体土地签订租赁合同,用于厂房及其他项目的建设。2017年8月7日,山东省滨州市沾化区国土资源局(以下简称沾化区国土局)因山东省某实业有限公司、杨某楠(系杨某义之子、山东省某实业有限公司法定代表人)非法占地作出行政处罚,责令其拆除违法占地上的建筑物和其他设施、退还非法占用的土地、恢复土地原貌,并给予罚款,同时将该案件线索移送公安机关立案侦查。2018年2月7日,沾化区国土局又向山东省某实业有限公司作出《履行行政处罚决定催告书》,山东省某实业有限公司仍未履行。在法定期限内,沾化区国土局未申请强制执行。2018年5月2日,山东省滨州市沾化区人民法院作出刑事判决,认定杨某义、山东省某实业有限公司均构成非法占用农用地罪。之后,山东省滨州市人民检察院向济南铁路运输中级法院提起民事公益诉讼,请求判令杨某义、山东省某实业有限公司停止侵害,排除非法占用涉案耕地上的建筑物及设施,恢复土地原状。

【裁判结果】

济南铁路运输中级法院认为,杨某义、山东省某实业有限公

司未经批准,以租赁形式长期非法占用涉案耕地建造厂房、污水处理设施等用于生产经营,造成涉案耕地大量毁坏,损害国家利益和社会公共利益。本案检察机关提起民事公益诉讼符合法律规定,不受行政机关是否先期作出行政处罚、采取行政措施的制约。判决:一、杨某义、山东省某实业有限公司立即停止对涉案耕地的非法占用,于本判决生效之日起六个月内自行拆除涉案耕地上的建筑物及设施并对涉案耕地进行修复,修复完成后应经当地行政主管部门验收合格;二、上述第一项义务逾期未完成的,杨某义、山东省某实业有限公司应当交纳生态环境修复费用223633.65元;三、杨某义、山东省某实业有限公司于本判决生效后十日内向山东省滨州市人民检察院支付鉴定费28400元。

山东省高级人民法院二审维持原判。

【典型意义】

本案是行为人因非法占用农用地被行政处罚和刑事制裁,在未履行行政处罚决定情形下,同时依法承担拆除违法建筑物、修复涉案耕地的民事责任的典型案例。保护耕地就是保护粮食安全,人民法院应当统筹适用多种法律责任,对农用地进行"全环节、全要素、全链条"保护。本案中,行政机关对非法占用耕地的行为作出行政处罚决定后,根据自然资源领域行政执法和刑事司法衔接机制的规定,将案件移送司法机关依法追究了当事人非法占用耕地行为的刑事责任。同时,人民法院依法支持检察机关提起的生态环境保护民事公益诉讼,判决当事人立即停止对涉案耕地的非法占用,拆除非法占用耕地上的建筑物及设施并对涉案耕地进行修复或承担生态环境修复费用,体现了保护耕地重在修复的理念。人民法院统筹协调行政、刑事、民事法律手段,有效衔接对同一违法行为的行政处罚、刑事制裁和民事赔偿三种责任,对严厉打击违法违规占用耕地违法犯罪行为,实现受损耕地的有效修复,形成耕地资源保护整体合力具有重要意义。

十、洛阳铁路运输检察院诉河南省栾川县自然资源局未全面履行职责行政公益诉讼案

【基本案情】

栾川县某养殖专业合作社违法建设养鸡场总面积9.968亩,造成了8.879亩耕地(其中基本农田6.722亩,一般耕地2.157亩)的种植条件严重毁坏,违法建筑面积4720.17平方米(7.08亩)。2022年1月18日,河南省栾川县自然资源局(以下简称栾川县自然资源局)下达《责令停止违法行为通知书》《责令改正违法行为通知书》。1月19日,河南省栾川县人民检察院向栾川县自然资源局发出检察建议。3月9日,栾川县自然资源局经委托鉴定后认为该案已涉嫌刑事犯罪,遂将案件移交河南省栾川县公安局,对该案中止调查。12月8日,河南省栾川县人民检察院发现栾川县某养殖专业合作社在行政复议和行政诉讼法定期满后,未恢复土地原貌,未达到种植条件。栾川县自然资源局未继续向人民法院申请强制拆除违法建筑,也未采取恢复土地种植条件措施。洛阳铁路运输检察院提起行政公益诉讼,请求判令栾川县自然资源局依法全面履行法定职责。诉讼过程中,栾川县自然资源局根据"三区三线"划定成果,对栾川县某养殖专业合作社作出了相应的行政处罚,洛阳铁路运输检察院将诉讼请求变更为确认原行政行为违法。

【裁判结果】

郑州铁路运输法院认为，栾川县某养殖专业合作社未经批准占用耕地建设养鸡场，栾川县自然资源局将案件移交公安机关后中止调查，存在未依法全面履行职责的问题。诉讼中，栾川县自然资源局对栾川县某养殖专业合作社作出相应的行政处罚。判决：确认栾川县自然资源局未依法全面履行职责的行为违法。

栾川县自然资源局未提起上诉，本案一审生效。

【典型意义】

本案是人民法院依法监督行政机关应当依法全面履行保护耕地职责的典型案例。珍惜、合理利用土地和切实保护耕地是我国的基本国策。《中华人民共和国土地管理法》第六十七条第一款规定了县级以上人民政府自然资源主管部门对违反土地管理法律、法规的行为进行监督检查的职责。本案中，栾川县自然资源局发现某养殖专业合作社非法占用基本农田构成犯罪后，不仅要移送公安机关追究刑事责任，还要继续履行职责，向人民法院申请强制拆除基本农田上的违法建筑，督促违法当事人履行土地复垦义务，或者违法当事人拒不复垦的，责令其缴纳土地复垦费并代为组织复垦。栾川县自然资源局将案件移送公安机关后怠于履行上述法定职责，导致土地未能复垦，损害国家和公共利益。检察机关依法提起行政公益诉讼，人民法院判决确认栾川县自然资源局未依法全面履行职责的行为违法，充分彰显了人民法院服务法治政府建设、依法监督行政机关全面履行守护耕地安全和粮食安全职能的责任担当。